21世纪经济管理新形态教材·大数据与信息管理系列

Business Data Analysis

商业数据分析

王目文　彭玉珊　曹丽　倪梦琳◎主编

清华大学出版社

北京

本书封面贴有清华大学出版社防伪标签，无标签者不得销售。
版权所有，侵权必究。举报：010-62782989，beiqinquan@tup.tsinghua.edu.cn。

图书在版编目(CIP)数据

商业数据分析/王目文等主编.—北京：清华大学出版社，2024.2
21世纪经济管理新形态教材.大数据与信息管理系列
ISBN 978-7-302-65582-4

Ⅰ.①商… Ⅱ.①王… Ⅲ.①商业信息－数据处理－教材 Ⅳ.①F713.51

中国国家版本馆CIP数据核字(2024)第045852号

责任编辑：陆浥晨
封面设计：李召霞
责任校对：宋玉莲
责任印制：曹婉颖

出版发行：清华大学出版社
网　　址：https://www.tup.com.cn，https://www.wqxuetang.com
地　　址：北京清华大学学研大厦A座　　邮　编：100084
社 总 机：010-83470000　　邮　购：010-62786544
投稿与读者服务：010-62776969，c-service@tup.tsinghua.edu.cn
质量反馈：010-62772015，zhiliang@tup.tsinghua.edu.cn
印 装 者：北京嘉实印刷有限公司
经　　销：全国新华书店
开　　本：185mm×260mm　　印　张：10.25　　字　数：235千字
版　　次：2024年2月第1版　　印　次：2024年2月第1次印刷
定　　价：45.00元

产品编号：100952-01

前　言

"大数据"时代已经来临,在商业、经济及其他领域中,决策将日益基于数据和分析而做出,而并非基于经验和直觉。但是目前入门数据分析并不容易,需要一定的数学和统计学功底。

为了让入门数据统计分析更容易,本书基于应用为主的原则,将入门所必需的概率论和统计学相关知识精简,剔除数学证明的相关内容,融合成了本书第一章,并在每章后面从科学网博客、知乎专刊精选了概率统计和数据分析科普文章作为拓展阅读部分,以便有利于读者更深入地理解数学统计相关理论基础,感谢相关作者的分享。数据统计分析的第一步是收集数据,由于互联网和移动互联网的快速发展,收集数据方式越来越便捷,本书第二章数据的搜集与整理就以问卷星为工具详细介绍了在线问卷设计的步骤。

在商业领域中,Excel作为应用基础的数据处理软件,拥有最广泛数据存储文件强大优势。而在统计分析软件中,SPSS是公认的应用广泛、操作方便、界面友好、入门快捷的商业数据统计分析软件。本书以Excel2013和SPSS20为操作工具,分别从数据的搜集与整理(第二章)、描述性统计分析(第三章)、参数检验(第四章)、方差分析(第五章)、非参数检验(第六章)、相关与回归分析(第七章)、Logistic回归分析(第八章)和聚类与因子分析(第九章)介绍了相关基础知识和操作步骤。

本书实例较多,除了介绍了具体的操作步骤还有一定数量的练习题供读者学习使用,本书所有数据源文件都可以扫描下载。

由于作者水平有限,书中难免存在错误、纰漏之处,欢迎广大读者批评,在本书最后有相关调查问卷二维码,敬请扫描指正。

目 录

第一章 数据分析数学基础知识 1
- 第一节 随机事件及其概率 1
- 第二节 随机变量及其分布 3
- 第三节 中心极限定理与大数定律 6
- 第四节 统计量及抽样分布 8
- 第五节 参数估计与假设检验 10

第二章 商业数据的搜集与整理 15
- 第一节 变量及其分类 15
- 第二节 数据收集与问卷设计 16
- 第三节 问卷星简介及在线问卷设计 18
- 第四节 数据的预处理和Excel操作技巧 36

第三章 商业数据分析之描述性统计分析 43
- 第一节 频数分析 43
- 第二节 探索分析 50
- 第三节 交叉表分析 58
- 第四节 多重响应交叉表分析 62

第四章 商业数据分析之参数检验 70
- 第一节 单样本T检验 72
- 第二节 独立样本T检验 73
- 第三节 配对样本T检验 75

第五章 商业数据分析之方差分析 78
- 第一节 单因素方差分析 79
- 第二节 多因素方差分析 85
- 第三节 协方差分析 89
- 第四节 多变量方差分析 93

第六章 商业数据分析之非参数检验 100
- 第一节 单样本的非参检验 100
- 第二节 两独立样本的非参数检验 107
- 第三节 多独立样本的非参数检验 111
- 第四节 两相关样本的非参数检验 114
- 第五节 多配对样本的非参数检验 117

第七章 商业数据分析之相关与回归分析……121
第一节 简单相关分析……123
第二节 偏相关分析……125
第三节 一元线性回归……126
第四节 多元线性回归……128
第五节 曲线线性回归……130

第八章 商业数据分析之 Logistic 回归分析……134
第一节 二项 Logistic 回归分析……134
第二节 多项 Logistic 回归分析……136

第九章 商业数据分析之聚类与因子分析……140
第一节 聚类分析……140
第二节 因子分析……147

参考文献……156

第一章　数据分析数学基础知识

党的二十大报告中有很多表述成果的数据,如国内生产总值从五十四万亿元增长到一百一十四万亿元,我国经济总量占世界经济的比重达百分之十八点五,提高七点二个百分点,稳居世界第二位;人均国内生产总值从三万九千八百元增加到八万一千元。谷物总产量稳居世界首位。十四亿多人的粮食安全、能源安全得到有效保障。城镇化率提高十一点六个百分点,达到百分之六十四点七。制造业规模、外汇储备稳居世界第一。建成世界最大的高速铁路网、高速公路网,机场港口、水利、能源、信息等基础设施建设取得重大成就。我们加快推进科技自立自强,全社会研发经费支出从一万亿元增加到二万八千亿元,居世界第二位,研发人员总量居世界首位。人均预期寿命增长到七十八点二岁。居民人均可支配收入从一万六千五百元增加到三万五千一百元。城镇新增就业年均一千三百万人以上。建成世界上规模最大的教育体系、社会保障体系、医疗卫生体系,教育普及水平实现历史性跨越,基本养老保险覆盖十亿四千万人,基本医疗保险参保率稳定在百分之九十五。及时调整生育政策。改造棚户区住房四千二百多万套,改造农村危房二千四百多万户,城乡居民住房条件明显改善。互联网上网人数达十亿三千万人。这些统计数据背后涉及诸多数理知识。通过本章大家可以了解关于数据分析的主要概率论与数理统计的基本原理;了解必然事件和随机事件的基础上理解频率和概率,并运用相关原理解决统计与数据分析相关问题。

第一节　随机事件及其概率

在我们日常生活中普遍存在的现象,主要分两类,一类是必然现象,另一类是或然现象。必然现象就是发生概率100%,如磁石异性相吸;或然现象发生概率不是100%,如股市涨跌、抛硬币。这些或然现象由于结果不能确定的现象叫随机现象。随机现象通过大量重复的随机试验进而使结果呈现一定的规律,这种规律就是概率论和数理统计的基础。

一、随机事件及概率

1. 随机事件

随机事件通常用大写字母表示,如 A、B、C,随机试验的每一个可能出现的结果称为基本事件或者叫样本点。所有的样本点(基本事件)的集合组成样本空间(一般用 Ω 表示)。由若干个基本事件组成的集合叫随机事件,随机事件是样本空间的一个子集。当随机事件集合中的某一基本事件发生,则代表这个随机事件的出现。

2. 事件的关系与运算

事件的关系主要包括并（和）、交（积）、差、互斥（互不相容）和逆（对立），运算分别如下。

(1) 事件的并（和）$A+B=A\cup B=\{$事件 A 和事件 B 至少出现一个$\}$。

(2) 事件的并（和）$AB=A\cap B=\{$事件 A 和事件 B 都出现$\}$。

(3) 事件的差 $A-B=\{$事件 A 出现但事件 B 不出现$\}$。

(4) 事件的互斥 $AB=\varnothing$（空集符号）$\{$事件 A 和 B 不能同时出现$\}$。

(5) 事件的逆（对立）$A+B=\Omega, AB=\varnothing\{$事件 A 和事件 B 必然且仅有一个出现$\}$。

3. 随机事件的频率

随机事件的频率，通常用 F 或 f 表示。

为了衡量随机事件出现的可能性大小，可以用频率来评价。事件的频率是在相同的条件下，重复同样的试验 n 次，若事件出现了 m 次，则 m/n 是这 n 次试验中出现的频率。随机事件的频率不仅与试验次数 n 有关，而且还与试验的轮次有关。例如，在抛硬币中无法确定下一次正面出现的频率。

4. 随机事件的概率

随机事件的概率，通常用 P 或 p 表示。

我们为了更加精确地衡量随机事件发生可能性大小，需要用一个与试验次数和试验轮次无关的一个数字来表示，这个数字就是随机事件的概率。概率度量的是随机事件发生可能性的大小，进而可以反应随机现象的内在规律，那么概率究竟应该如何量化呢？

在多次重复同样试验的情况下，随机事件的频率呈现出稳定性，也就是在一个固定的数附近摆动，而这个固定的数就是概率。例如，历史上抛硬币试验的结果，费勒抛了 10 000 次，正面次数 4 979 次，频率 0.497 9；皮尔逊抛了 12 000 次，正面次数 6 019 次，频率 0.501 6；后来皮尔逊抛了 24 000 次，正面次数 12 012 次，频率 0.500 5。可见频率接近 0.5，而借助于极限的数学方法，可以确定这个固定的数为 0.5，也就是抛硬币出现正面的概率为 0.5。但是根据概率仍无法确定每一轮次随机事件发生与否，这也符合随机事件的内涵定义。

二、条件概率与事件的独立性

1. 条件概率

条件概率，通常用 $P(A|B)$ 表示。

日常在处理实际问题的时候，经常需要在已知部分事件发生的条件基础上来继续求解相关随机事件发生的概率，这样就需要引入条件概率。条件概率的概念是在某种条件下某件事发生的概率是多少。条件概率其实反映了一个朴素的概念，你平时在推理不确定的事情时，下意识地需要去找和事情有关的证据，因为证据越多，对不确定的事情的推理就越有信心，这些证据也就是条件。

设 A,B 是任意两个随机事件，且 $P(B)>0$（B 发生的概率大于 0），则在事件 B 发生的条件下，事件 A 发生的条件概率为 $P(A|B)=P(AB)/P(B)$。

例如，进行某一实验，所有的可能样本的集合为 Ω（所有样本），圆圈 A 代表事件 A 所能囊括的所有样本,圆圈 B 代表事件 B 所能囊括的所有样本(图 1.1)。

如图 1.1 所示,我们再来直观理解一下"事件 B 发生的条件下,事件 A 发生的条件概率","事件 B 发生的条件下"表明把样本的可选范围限制在了圆圈 B 中,也就是等价在圆圈 B 中 A 发生的概率,显然 $P(A|B)$ 就等于 AB 交集中样本的数目除以 B 的样本数目。那么为什么是样本的数目相除,而上面条件概率的

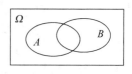

图 1.1

公式是概率相除,其实等价于分子分母同除以总样本数,这就变成了条件概率公式。一般说到条件概率,事件 A 和事件 B 都是同一实验下的不同的结果集合,事件 A 和事件 B 一般是有交集的,若没有交集(AB 互斥),则条件概率为 0,因为 $P(AB)=0$,则 $P(A|B)=P(AB)/P(B)=0$。

2. 事件的独立性

随机事件 A 的发生和随机事件 B 的发生互不影响,就是事件 A 和 B 相互独立。对于任意随机事件 A 和 B,满足 $P(AB)=P(A)P(B)$,则称 A 和 B 相互独立。例如,两次抛硬币,并且相互独立也满足 $P(A|B)=P(A)$。

第二节 随机变量及其分布

为了进一步研究随机事件及其概率的规律,需要进行统一形式的定量数学处理,进而把随机事件的结果数量化处理,以便可以利用微积分相关理论和方法,由此引入随机变量和分布函数。

一、随机变量

1. 随机变量

随机变量通常用大写字母表示,如 X、Y、Z。

对于有些随机事件来说,其结果就是以数的形式出现的。例如,掷骰子出现的点数、考试的成绩、灯泡的寿命等。还有不以数形式的随机事件的结果,如抛硬币,但是我们可以用数字来定义结果。例如,正面朝上指定为 1,反面朝上指定为 0。这个过程就可以实现随机事件结果的数量化,而这种数量化的结果就是随机变量。这样我们就可以定义随机变量为在样本空间内对于每个样本点 a 总有一个实数 $X(a)$ 与之对应,那么可称这个实值函数 $X=X(a)$ 为随机变量。

随机变量按照取值是否有限可分为两种类型,如果随机变量的全部取值是可列的有限多个,那么为离散型随机变量;如果取值是不能列举,而是充满数轴的某一个区间,那么就是连续型随机变量。

2. 分布函数

分布函数通常表示为 $F(x)=P(X\leqslant x)$。

要想理解随机变量,除了要知道取值范围,更重要的还要了解其结果取值出现的分布规律,也就是概率分布。分布函数为刻画随机变量取值概率的函数,就是随机变量 X 落

入区间 $(-\infty, x]$ 上的概率。通常用 $F(x) = P(X \leqslant x)$ 来表示随机变量 X 的分布函数,记为 $X \sim F(x)$,读作 X 服从 $F(x)$。

对于离散型随机变量 Y,若当 Y 取值 y_1、y_2、y_3、…、y_n 时候,其对应分布函数为 $p_i = P(Y = y_i), i = 1, 2, 3, \cdots, n$,记为 $X \sim \{p_i\}$。如常见的几何分布、二项分布(n 重伯努利试验事件出现 k 次的概率)、泊松分布(单位时间内事件发生的次数)。

连续型随机变量结果的取值有无穷个实数,这些实数范围可以覆盖数轴上的某一区间或者整个数轴,无法通过列出取值概率来描述概率分布。我们引入概率密度函数来描述连续型随机变量的概率分布。这里我们利用微积分的知识对概率密度函数进行定义,设随机变量 X 的分布函数 $F(x)$,若存在实数轴上一个非负可积函数 $f(x)$,对于任意实数 x,都有

$$F(x) = P(X \leqslant x) = \int_{-\infty}^{x} f(t) \mathrm{d}t$$

则称 $f(x)$ 为 X 的概率密度函数。因为连续型随机变量 X 由其 $f(x)$ 确定,所以可记为 $X \sim f(x)$。

如图 1.2 所示,$P(a < x < b) = \int_{a}^{b} f(x) \mathrm{d}x$ 表示 X 落在区间 (a, b) 内的概率等于以阴影区域 (a, b) 和 $f(x)$ 围成的面积。常见的连续型概率分布有均匀分布、指数分布、正态分布。

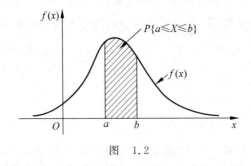

图 1.2

二、随机变量的数字特征

随机变量的概率分布能全面描述随机变量的统计特征,但是在一些时候我们只需要了解其中某些情况。例如,全班人的年龄、身高,现在需要知道平均年龄和平均身高,以及个体年龄与平均年龄的偏差程度,个体身高与平均身高的偏差程度,这些数字表示的随机变量的特征就是随机变量的数字特征。

1. 数学期望

数学期望,通常用大写字母 $E(x)$ 表示。

数学期望表示随机变量所有可能取值的平均水平,严格意义上用随机变量以概率为权重的加权平均值来计算。随机变量的数学期望反映了随机变量的集中趋势,也就是在期望周围波动。

2. 二维随机变量函数的数学期望

若 X 和 Y 为 Ω 上的两个随机变量,则由 X 和 Y 构成的二维向量 (X,Y) 为二维随机变量。而二元函数 $F(x,y)=P(X\leqslant x,Y\leqslant y)$ 为联合分布函数。对于连续型随机变量,联合函数为 $F(x,y)=P(X\leqslant x,Y\leqslant y)=\int_{-\infty}^{x}\int_{-\infty}^{y}f(u,v)\mathrm{d}u\mathrm{d}v$。

设 $z=g(x,y)$ 是二元函数,

若为离散型 $(X=x_i,Y=y_j)\sim p_{ij}$,则数学期望可表示为

$$Eg(X,Y)=\sum_{i=1}^{\infty}\sum_{j=1}^{\infty}g(x_i,x_j)p_{ij}$$

若为连续型 $(X,Y)\sim f(x,y)$,则数学期望可表示为

$$Eg(X,Y)=\int_{-\infty}^{+\infty}\int_{-\infty}^{+\infty}g(x,y)f(x,y)\mathrm{d}x\mathrm{d}y$$

3. 方差与标准差

方差与标准差,通常用 $\mathrm{Var}(x)$ 表示。

为了度量在期望周围波动的大小,也就是随机变量 X 的取值与 $E(X)$ 的偏离程度,引入方差和标准差的概念。

定义为设随机变量 X,若 $E[X-E(X)]^2$ 存在,则称 $\mathrm{Var}(X)=E[X-E(X)]^2$ 为随机变量的 X 的方差,$\sigma(X)=\sqrt{E[X-E(X)]^2}$ 为随机变量 X 的标准差。

4. 协方差

协方差,通常用 $\mathrm{Cov}(x)$ 表示。

协方差用于衡量两个变量的总体误差。而方差是协方差的一种特殊情况,即当两个变量是相同的情况。协方差表示的是两个变量的总体误差,这与只表示一个变量误差的方差不同。如果两个变量的变化趋势一致,也就是说如果其中一个大于自身的期望值,另外一个也大于自身的期望值,那么两个变量之间的协方差就是正值。如果两个变量的变化趋势相反,即其中一个大于自身的期望值,另外一个却小于自身的期望值,那么两个变量之间的协方差就是负值。期望值分别为 $E(X)$ 与 $E(Y)$ 的两个实随机变量 X 与 Y 之间的协方差 $\mathrm{Cov}(X,Y)$ 定义式为

$$\mathrm{Cov}(X,Y)=E[(X-E(X))(Y-E(Y))]$$

5. 相关系数

相关系数,通常用 r 或 ρ 来表示。

相关系数是最早由统计学家卡尔·皮尔逊设计的统计指标,是研究变量之间线性相关程度的量,一般用字母 r 表示。由于研究对象的不同,相关系数有多种定义方式,较为常用的是皮尔逊相关系数。用来度量两个变量间的线性关系。定义式为

$$r(X,Y)=\frac{\mathrm{Cov}(X,Y)}{\sqrt{\mathrm{Var}(X)\mathrm{Var}(Y)}}$$

式中,$\mathrm{Cov}(X,Y)$ 为 X 与 Y 的协方差;$\mathrm{Var}(X)$ 为 X 的方差;$\mathrm{Var}(Y)$ 为 Y 的方差。相关系数定量地刻画了 X 和 Y 的相关程度,即 r 越大,相关程度越大;$r=0$ 对应相关程度

最低。

若 $0 \leqslant r \leqslant 1$ 称正相关,即两者变化方向一致。

若 $-1 \leqslant r \leqslant 0$ 称负相关,即两者变化方向相反。

6. 矩

在概率论与统计学中,矩是很重要的概念,以用来表征随机变量的数字特征,定义式为 $E\{[X-E(X)]^k\}$ 称为随机变量 X 的 k 阶中心矩,若 $E(X)=0$,则是 k 阶矩。一阶矩,指的是期望,表中心点的位置;二阶矩,指的是方差,表离散程度的度量(胖瘦);三阶矩,指的是偏度,表分布偏斜方向和程度(歪斜);四阶矩,指的是峰度,表在平均值处峰值高低(高矮)。

为了方便对比研究,我们经常做一个标准的线性变换,把中心点化为零(一阶矩归0),离散程度化为1(二阶矩归1),这时在同样期望为0方差为1的标准情况下,随机变量的分布就可以用偏度和峰度来衡量了,也就是三阶矩和四阶矩。

第三节 中心极限定理与大数定律

在大量独立的重复试验中,有些随机变量可以表示为大量相互独立的和,为了刻画这些独立和的概率分布,下面将利用极限的思想来刻画这些分布。

一、中心极限定理

中心极限定理,是指概率论中讨论随机变量序列部分和分布渐近于正态分布的一类定理。这组定理是数理统计学和误差分析的理论基础,指出了大量随机变量近似服从正态分布的条件。它是概率论中最重要的一类定理,有广泛的实际应用背景。在自然界与生产中,一些现象受到许多相互独立的随机因素的影响,如果每个因素所产生的影响都很微小时,总的影响可以看作服从正态分布。中心极限定理就是从数学上证明了这一现象。最早的中心极限定理所研究的是在伯努利试验中,事件 A 出现的次数渐近于正态分布的问题。当样本量 N 逐渐趋于无穷大时,N 个抽样样本的均值频数逐渐趋近于正态分布,其对总体的分布不做任何要求,意味着无论总体是什么分布,其抽样样本的均值的频数分布都随着抽样数的增多而趋于正态分布。

二、大数定律

1. 切比雪夫不等式

19世纪数学家切比雪夫研究统计规律中,论证并用标准差表达了一个不等式,这个不等式具有普遍的意义,被称作切比雪夫定理,其大意如下所述。

任意一个数据集中,位于其平均数 m 个标准差范围内的比例(或部分)总是至少为 $1-1/m^2$,其中 m 为大于1的任意正数。对于 $m=2$、$m=3$ 和 $m=5$ 有如下结果。

所有数据中,至少有 3/4(或 75%)的数据位于平均数 2 个标准差范围内。

所有数据中,至少有 8/9(或 88.9%)的数据位于平均数 3 个标准差范围内。

所有数据中,至少有24/25(或96%)的数据位于平均数5个标准差范围内。

切比雪夫不等式定义式为:设随机变量 X 存在数学期望 $E(X)$ 和方差 $D(X)$,则对于任意 $\varepsilon>0$,一直存在 $P[|X-E(X)|\geq\varepsilon]\leq\dfrac{D(X)}{\varepsilon^2}$。其实切比雪夫不等式想表达的是随机变量和期望的偏差符合统计规律,即偏差越大的范围的值占整体样本的概率就越小。其实就是整体的样本与期望的偏差不会太大。

2. 大数定律

概率论历史上第一个极限定理属于伯努利,后人称之为"大数定律"。概率论中讨论随机变量序列的算术平均值向随机变量各数学期望的算术平均值收敛的定律。根据这个定律知道,样本数量越多,则其均值就越趋近期望值。大数定律不会对已经发生的情况进行平衡,而是利用新的数据来削弱它的影响力,直至前面的结果从比例上看影响力非常小,可以忽略不计。这就是大数定律发生作用的原理。简而言之,大数定律发挥作用,是靠大数对小数的稀释作用。

在随机事件的大量重复出现中,往往呈现几乎必然的规律,这个规律就是大数定律。通俗地说,这个定理就是,在试验不变的条件下,重复试验多次,随机事件的频率近似于它的概率,偶然中包含着某种必然,是一种描述当试验次数很大时所呈现的概率性质的定律。

依概率收敛就是研究大数定律的基础,定义为设 X_n 是一个随机变量序列,c 是一个常数,对任意的 $\varepsilon>0$,有 $\lim\limits_{n\to\infty}P(|X_n-c|<\varepsilon)=1$,则称序列 X_n 依概率收敛于 c。若随机变量序列 X_n 的数学期望均存在,则对于任意 $\varepsilon>0$,有 $\lim\limits_{n\to\infty}P\left(\left|\dfrac{1}{n}\sum\limits_{i=1}^{n}X_i-\dfrac{1}{n}\sum\limits_{i=1}^{n}E(X_i)\right|<\varepsilon\right)=1$,则 X_n 服从大数定律。

大数定律的意义,首先就是以严格的数学形式表现了随机现象的一个性质,平稳结果(频率)的稳定性,还从理论上解决了,用频率近似代替概率和用样本均值近似代替理论均值的问题。

1) 切比雪夫大数定理

设 X_n 是一列相互独立的随机变量(或者两两不相关),它们分别存在期望和方差($E(X)$ 和 $\mathrm{Var}(X)$),方差满足一致有界,那么 X_n 服从大数定律。应用于抽样调查,就会有如下结论:随着样本容量 n 的增加,样本平均数将接近于总体平均数。从而为统计推断中依据样本平均数估计总体平均数提供了理论依据。特别需要注意的是,切比雪夫大数定理并未要求 X_n 同分布,相较于伯努利大数定律和辛钦大数定律更具一般性。

2) 伯努利大数定律

设 c 是 n 次独立试验中事件 A 发生的次数,且事件 A 在每次试验中发生的概率为 p,则对任意正数 ε,满足

$$\lim_{n\to\infty}P\left(\left|\dfrac{c}{n}-p\right|<\varepsilon\right)=1$$

该定律是切比雪夫大数定律的特例,其含义是,当 n 足够大时,事件 A 出现的频率将

几乎接近于其发生的概率,即频率的稳定性。在抽样调查中,用样本成数去估计总体成数,其理论依据即在于此。

3) 辛钦大数定律

设 X_n 为独立同分布的随机变量序列,若 X_n 的数学期望 $E(X_k)$ 存在,则服从大数定律,即对任意的 $\varepsilon>0$,满足

$$\lim_{n\to\infty} P\left(\left|\frac{1}{n}\sum_{k=1}^{n}X_k - E(X_k)\right|<\varepsilon\right)=1$$

总结一下,这两个定律都是在说样本均值性质。随着 n 增大,大数定律说样本均值几乎必然等于均值,指的是 n 只要越来越大,把这 n 个独立同分布的数加起来去除以 n 得到的这个样本均值会依概率收敛到期望值,但是样本均值的分布如何我们不知道。中心极限定律说,n 只要越来越大,这 n 个数的样本均值会趋近于正态分布,并且这个正态分布的方差越来越小。

第四节 统计量及抽样分布

在现实生活中,要研究的对象的概率分布往往是未知的,或者不完全知道。我们只能通过对所研究的对象或问题进行多次重复的试验与观察,已得到一定量的观测值,并且以这些数据为依据,对研究对象或问题进行推断。

一、总体、个体、样本和统计量

1. 总体、个体和样本

总体:所研究对象的全体为总体,可用随机变量 X 表示。

个体:组成总体的每一个元素称为个体,用随机变量 X_i 表示。

样本:从总体中随机抽取一部分个体称为样本,用多维随机变量 $(X_1, X_2, X_3, \cdots, X_n)$ 来表示。

样本容量:样本中所含个体的数量。

样本观测值:一次具体样本抽取和测量得到的一组具体值。

简单样本:若总体 X 的样本满足相互独立、每一个 X_i 都与总体 X 同分布,则称为总体的简单随机样本。

2. 统计量

对于总体和样本的关系,是不能直接利用样本对总体进行推断,需要构造出与其相适应的样本函数,如果这个样本函数不含有任何未知参数,则称这个样本函数为统计量。如样本均值、样本方差、样本标准差、样本 k 阶原点矩、样本 k 阶中心矩。

二、常用统计量的抽样分布

由于统计量是随机变量,在使用样本统计量进行推断时,需要知道其统计量的概率分布,而统计量的分布称为抽样分布。

1. χ^2 分布（卡方分布）

χ^2 分布在数理统计中具有重要意义。χ^2 分布是由阿贝（Abbe）于 1863 年首先提出的，后来由海尔墨特（Hermert）和现代统计学的奠基人之一的卡尔·皮尔逊分别于 1875 年和 1900 年推导出来，是统计学中的一个非常有用的、著名的分布。

如果 X_n 相互独立来自总体 $N(0,1)$ 的样本，则记 $\chi^2 = \sum_{i=1}^{n} X_i$ 为服从自由度为 n 的 χ^2 分布。密度函数的范围为 $(0, +\infty)$，从图 1.3 可见当自由度 n 越大，密度曲线越趋于对称，n 越小，曲线越不对称。当 $n=1,2$ 时，曲线是单调下降趋于 0。当 $n \geqslant 3$ 时，曲线有单峰，从 0 开始先单调上升，在一定位置达到峰值，然后单调下降趋向于 0。

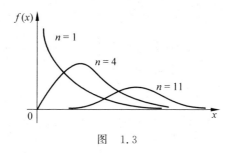

图 1.3

2. T 分布

T 分布是统计学家戈塞特（W. S. Gosset）在 1908 年以笔名 Student 发表的论文中提出的，故后人称为"学生氏（Student）分布"或"T 分布"。定义为设 X 和 Y 相互独立，且 $X \sim N(0,1)$，$Y \sim \chi^2(n)$，则 $T = \dfrac{X}{\sqrt{Y/n}}$ 服从自由度为 n 的 T 分布，如图 1.4 所示。用于根据小样本来估计呈正态分布且方差未知的总体的均值。如果总体方差已知（例如在样本数量足够多时），则应该用正态分布来估计总体均值。

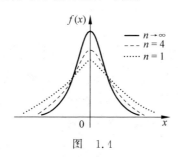

图 1.4

T 分布的密度函数与标准正态分布 $N(0,1)$ 密度很相似，它们都是关于原点对称，单峰偶函数，在 $x=0$ 处达到极大。但 t 分布的峰值低于 $N(0,1)$ 的峰值，T 分布的密度函数尾部都要比 $N(0,1)$ 的两侧尾部粗一些。

3. F 分布

F 分布是 1924 年统计学家罗纳德·费希尔（R. A. Fisher）提出，并以其姓氏的第一个字母命名的。它是一种非对称分布,有两个自由度,且位置不可互换,如图1.5所示。F分布有着广泛的应用。例如,在方差分析、回归方程的显著性检验中F分布都有着重要的地位。

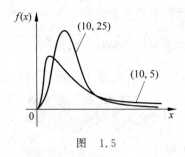

图 1.5

若总体 $N \sim N(0,1)$,X_m 与 Y_n 为来自 N 的两个独立样本,设统计量则称统计量 F 服从自由度 m 和 n 的 F 分布,记为 $F = \dfrac{X/m}{Y/n}$。

第五节 参数估计与假设检验

当我们所研究的对象或总体的分布已知,但一个或多个参数是未知的,这样我们可以借助总体的样本构造的统计量来估计未知参数,这就是参数估计,常包括点估计和区间估计。

另一种情况,在总体分布函数完全未知或不知其参数的情况下,为了推断总体的某些性质,可以提出某些关于总体的假设,再利用概率很小的事件在一次试验中可以认为基本上不会出现的原理进行验证假设的过程,就是假设检验。

一、参数估计

1. 点估计

设 $(X_1, X_2, \cdots, X_n)$ 是来源于总体 X 的简单样本,θ 是总体 X 的一个未知参数,点估计就是找到一个适当的统计量 $\hat{\theta}(X_1, X_2, \cdots, X_n)$,用其试验的观测值 $\hat{\theta}(x_1, x_2, \cdots, x_n)$ 作为总体参数 θ 的近似值。点估计量是样本的函数,对于不同的样本值,点估计值一般不同。构造方法主要有矩估计法和最大似然估计法。

1) 矩估计法

矩估计法就是利用样本的各阶原点矩来估计总体相同阶数的原点矩 $E(X^k)$,从而建立估计量满足的方程组,以解方程组求未知参数估计量的方法。

2) 最大似然估计法

最大似然估计法最早是由高斯于1821年针对正态分布提出的一种参数估计方法,之后统计学家费希尔于1922年针对一般分布再次提出,使之成为一种普遍使用的构造点估计量的方法。最大似然估计法的思想就是如果在一次抽样中,样本的某个观测值出现,则认为样本在这个观测值的取值的可能性最大,于是构建似然函数在该观测值处取最大值,进而可以作为未知参数的最大似然估计值。

设$(X_1,X_2,\cdots,X_n)$是来源于总体X的简单样本,观测值为$x_1,x_2,\cdots,x_n$,若总体X为离散型随机变量,并且其分布概率可表示为$P(X=x)=p(x,\theta)$,θ为未知参数,则样本似然函数可表示为

$$L(\theta)=\prod_{i=1}^{n}p(x_i,\theta)$$

若总体X为连续型随机变量,并且其概率密度可表示为$f(x,\theta)$,θ为未知参数,则样本似然函数可表示为

$$L(\theta)=\prod_{i=1}^{n}f(x_i,\theta)$$

2. 区间估计

区间估计,是参数估计的一种形式。1934年,由统计学家J.奈曼所创立的一种严格的区间估计理论。在点估计的基础上,给出总体参数估计的一个区间范围,该区间通常由样本统计量加减估计误差得到。与点估计不同,进行区间估计时,根据样本统计量的抽样分布可以对样本统计量与总体参数的接近程度给出一个概率度量。用数轴上的一段距离或一个数据区间,表示总体参数的可能范围。这一段距离或数据区间为区间估计的置信区间,是指在某一置信水平下,样本统计值与总体参数值间误差范围。按给定的概率值建立包含待估计参数的区间,其中这个给定的概率值称为置信度或置信水平,是总体参数值落在样本统计值某一区内的概率。置信区间越大,置信水平越高。划定置信区间的两个数值分别称为置信下限和置信上限,置信系数是这个理论中最为基本的概念。通过从总体中抽取的样本,根据一定的正确度与精确度的要求,构造出适当的区间,以作为总体的分布参数(或参数的函数)的真值所在范围的估计。

假设θ是总体X中的未知参数,从其样本找出两个统计量θ_1和$\theta_2(\theta_1<\theta_2)$,使得对于任意的$\alpha(0<\alpha<1)$,都满足$P(\theta_1<\theta<\theta_2)=1-\alpha$,则称区间$(\theta_1,\theta_2)$为$\theta$的置信区间,$1-\alpha$为置信水平,$\alpha$为显著性水平。

置信区间(θ_1,θ_2)是随机区间,其统计含义为:在相同条件下抽样N次,每次抽样的样本容量均为n。由于每次得到的样本值不同,故每次得到的区间也可能不同,这样就得到了N个区间。对每个区间而言,它要么包含θ的真值要么不包含θ的真值,根据伯努利大数定律,在这N个区间中,包含θ真值的区间约占$100(1-\alpha)\%$,不包含θ真值的区间约占$100\alpha\%$。例如,若$\alpha=0.01$,$N=1000$次,那么得到1000个区间中不包含θ真值有10个。

通过图1.6正态分布图和图1.7卡方分布图可以更直观地看到置信区间和置信水平在坐标轴上的位置。

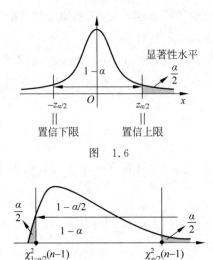

图 1.6

图 1.7

二、假设检验

1. 假设检验的基本原理和概念

假设检验的基本思想是小概率反证法思想。小概率思想是指小概率事件($P<0.01$ 或 $P<0.05$)在一次试验中基本上不会发生。反证法思想是先提出假设(检验假设 H_0),再用适当的统计方法确定假设成立的可能性大小,若可能性小,则认为假设不成立,若可能性大,则还不能认为假设不成立。也就是欲检验其正确性的为零假设,零假设通常由研究者决定,反映研究者对未知参数的看法。相对于零假设的其他有关参数之论述是备择假设,它通常反映了执行检定的研究者对参数可能数值的另一种(对立的)看法。如果我们检测的样本数据导致了一个小概率事件的发生,则拒绝原假设 H_0,如果没有发生小概率事件,则接受原假设 H_0,至于这个小概率的标准我们需要事先指定好,常用的一般为 5% 和 1%,用 α 来表示,称为显著性水平。当检验统计量落入小概率区域(拒绝域),拒绝域的边界点为临界点。

有时,根据一定的理论或经验,认为某一假设 H_0 成立。例如,通常有理由认为特定的一群人的身高服从正态分布。当收集了一定数据后,可以评价实际数据与理论假设 H_0 之间的偏离,如果偏离达到了"显著"的程度就拒绝 H_0,这样的检验方法称为显著性检验。偏离达到显著的程度通常是指定一个很小的正数 α(如 0.05,0.01),即当 H_0 正确时,它被拒绝的概率不超过 α,称 α 为显著性水平。这种假设检验问题的特点是不考虑备择假设,考虑实验数据与理论之间拟合的程度如何,故此又被称为拟合优度检验。拟合优度检验是一类重要的显著性检验。

总而言之,假设检验是对总体分布中的某些参数做出假设,根据样本值提供的信息,应用概率性质的反证法,检验这种假设是否成立,这一统计推断过程称为参数的假设检验。过程一般包括以下步骤。

(1) 为了检验一个零假设(即虚拟假设)是否成立,先假定它是成立的,然后接受这个假设之后,是否会导致不合理结果。如果结果是合理的,就接受它;如不合理,则否定原假设。

(2) 所谓导致不合理结果,就是看是否在一次观察中,出现小概率事件。通常把出现小概率事件的概率记为 α,即显著性水平。它在次数函数图形中是曲线两端或一端的面积。因此,从统计检验来说,就涉及双侧检验和单侧检验问题。在实践中采用何类检验是由实际问题的性质来决定的。一般可以考虑以下检验方法。

① 双侧检验。如果检验的目的是检验抽样的样本统计量与假设参数的差数是否过大,就把风险平分在右侧和左侧。比如显著性水平为 0.05,即概率曲线两侧各占一半,即 0.025。

② 单侧检验。这种检验只注意估计值是否偏高或偏低。如只注意偏低,则临界值在左侧,称左侧检验;如只注意偏高,则临界值在右侧,称右侧检验。

对总体的参数的检量,是通过由样本计算的统计量来实现的。所以检验统计量起着决策者的作用。

2. P 值法

P 值是用来判定假设检验结果的一个参数,由费希尔首先提出。P 值就是当原假设为真时所得到的样本观察结果或更极端结果出现的概率。如果 P 值很小,说明原假设情况的发生的概率很小,而如果出现了,根据小概率原理,我们就有理由拒绝原假设,P 值越小,我们拒绝原假设的理由越充分。总之,P 值越小,表明结果越显著。但是检验的结果究竟是"显著的"还是"高度显著的"需要根据 P 值的大小和实际问题来决定。

在假设检验中,首先认定原假设是对的,然后可以据此假设建立一个概率分布。在此概率分布下,以本次抽样实际情况为起点,一直到最极端情况所在区间的总概率,就是所谓的 P 值。如果原假设是对的,那么 P 值应该不会太小。如果 P 值太小,毕竟本次实际抽样的结果实际发生了,那么就是小概率实际居然发生了(小概率事件实际一次试验几乎不会发生的),可以反证出原假设是不成立的(概率反证法)。实际中,所见的 P 值一般都很小,往往拿 0.05 作为界限,如果 P 值小于 0.05,表示基于当前抽样原假设不成立。

【思考】

1. 什么是频率?什么是概率?两者的区别是什么?
2. 什么是中心极限定理和大数定律?举个现实中的例子。
3. 简单描述一下假设检验的思想。

【扩展阅读】

什么是概率？

【即测即练】

扫描此码

自学自测

第二章 商业数据的搜集与整理

人民群众获得感、幸福感、安全感更加充实、更有保障、更可持续。获得感、幸福感和安全感都需要通过收集主观评价来进行判断,那么如何设计相关问题进行调研需要系统学习和实践。通过本章,你可以学习到数据的常用的搜集方法与整理方法,这是数据分析的基础和前提,并学会通过目前流行的问卷星设计和发放调查问卷,掌握利用 Excel 处理和清洗数据,以便于数据分析。

第一节 变量及其分类

一、变量的定义

变量是用来描述总体中成员的某一特性。在搜集数据的过程中,需要搜集各类的变量,如性别、年龄、职业、受教育程度、收入等人口统计变量。又如,为了预测明年的销售量,所搜集的数据如广告费、人事费、销售人员数等,也都是一种变量。

二、变量的类型

1. 定性变量(分类变量)

定性变量也称分类变量,如品牌、学院、班级、喜好、性别、民族、党派等均属定性变量。分类变量的观测结果称为分类数据。性别为男或女,只是描述性别的现象。将男性标示为 2 或将女性标示为 1,仅是为了方便计算机处理,并没有任何大小或倍数的关系。

2. 定序变量(有序变量)

定序变量也称有序变量。如果类别具有一定的顺序,这样的变量也称为有序变量。相应的观测结果就是有序数据。例如,受教育程度:小学 1、中学 2、大学 3、研究生 4。职称:助教 1、讲师 2、副教授 3、教授 4。主观评价:非常重要 5、重要 4、一般 3、不重要 2、非常不重要 1。有序分类数据,只有大小先后的关系,无倍数关系。例如,"非常重要"用 5 表示,"非常不重要"用 1 表示,只能说 5 比 1 重要而已,不能说"非常重要"是"非常不重要"的 5 倍。

3. 定量变量(数值型变量)

定量变量也称数值型变量,可以进行数值比较和运算,如成绩、年龄、收入、国民生产总值、体重、身高、智力、温度等均属定量变量。定量变量的观测结果就是定量数据或数值型数据。定量数据有大小和倍数的关系。例如,考试成绩 100 分比 80 分高 20 分,工资 10 000 元是 5 000 元的 2 倍。

第二节　数据收集与问卷设计

一、抽样

每天通过各种媒体,可以看到各种数据,比如高速公路通车里程、股票行情、外汇牌价、房价、鸡蛋价等。当然还有国家统计局定期发布的各种国家经济数据、地方统计局发布的城市年鉴等。这些间接得到的数据都是二手数据。

获得第一手数据并不像得到二手数据那么轻松,一般都是通过调查获得。例如,一些公司调查其产品目前在市场中的状况。它们调查不同地区、不同阶层的民众对其产品的认知程度和购买意愿,以改进产品。

抽样调查是获取一手数据最常用的方法,主要形式包括网上调查、电话调查和面对面调查等。这些调查方式都基于问卷,而问卷的设计则很有学问,它涉及如何用词、问题的次序以及问题的选择和组合等。首先,问卷中的问题数目不能太多。其次,问题一般都是选择题,但选项不宜过多。问题的语言应该和被调查者的文化水平相适应,通俗易懂,但又要准确而不至于造成误解。最后,问题的次序也很重要,简单的问题在先,敏感的和核心的问题在后。

抽样调查也要确保样本对总体的代表性。每个个体同概率的简单随机抽样是一个理想情况。概率抽样假定每个个体出现在样本中的概率是已知的,这种概率抽样方法能够对数据进行合理的统计推断。下面是一些概率抽样方法。

(1) 系统抽样。首先要把总体中的每个个体编号,然后随机选取其中之一作为抽样的开始点进行抽样。根据预订的样本量决定"间距",在选取开始点之后,通常从开始点开始按照编号进行所谓的等距抽样。例如,如果开始点为 8 号,"间距"为 10,则下面的调查对象为 18 号、28 号等。

(2) 分层抽样。先把要研究的总体按照某些性质分成相对相似的个体组成的类,再在各类中分别抽取简单随机样本。然后把从各类得到的结果汇总,并对总体进行推断。在每一类中调查的人数通常是按照该类人数的比例确定,但出于各种考虑,也可能不按照比例,也可能需要加权,加权就是在求若干项的和时,对各项乘以不同的系数,这些系数的和通常为 100%。

(3) 整群抽样。该抽样是先把总体划分成若干群,这些群是由不相似或异类的个体组成。在单级整群抽样中通常是先随机地从这些群中抽取几群,然后再在这些抽取的群中对个体进行全面调查。在两级整群抽样中,通常是先随机地从这些群中抽取几群,然后再在这些抽取的群中对个体进行简单随机抽样。例如,在某区进行调查,首先在所有街道中选取若干街道,然后只对这些选中的街道的人进行全面或抽样调查。显然,如果各街道情况差异不大,这种抽样还是方便的,否则就会增大误差。

(4) 多级抽样。在群体很大时,往往在抽取若干群之后,再在其中抽取若干子群,甚至再在子群中抽取下一级子群等。最终只对最后选定的最下面一级进行调查。例如,在全国调查时,先抽取省,再抽取市、地区,再抽取县、区,再抽取乡、镇、村直到户。在多级抽样中的每一级都可能采取各种抽样方法。因此,整个抽样计划可能比较复杂,也称为多级混合型抽样。

二、问卷设计

1. 列举所要收集的信息

收集各种有关的二手数据,并与相关人员沟通讨论可能出现的问题。访问对此问题有丰富经验或学识的人士,取得对此问题的看法与可能的解决方案。这样才有可能将所要收集的信息完全归纳。若是学生,则找几份相关研究的论文参考,并与同学及老师讨论,得出要收集的信息。如果要收集一手数据,为了避免问卷问题设计过于随意,使问卷缺乏客观性,在设计问卷时,一定要参考相关的论文或研究报告,以这些为依据,将会省下很多设计的时间。结合研究目的,将所有要收集的信息一一列举出来。

2. 注意访问的方式

调查还需要决定访问方式,是人员访谈、电话访谈、邮寄问卷还是网络问卷。不同的访问方式,其访问的对象、经费与回收时间均有差异。例如:采用人员访谈的方式时,访问员与受访者之间可以相互交谈,其题目可深入一点,但其成本较高;采用邮寄问卷的方式访问时,成本虽低,但题目不能太难,也不能太多,且要有详细的填写说明,否则受访者可能不会填写。

3. 注意问题的用语

问卷上每一问题的用语,不仅要让访问员与受访者看得懂,而且看到后所认定的意思也要一致。可参考下列几个原则:使用简单的字,使用的词汇要符合受访者的认知程度,尽量口语化。使用意义明确的表述,无论谁来看,其意义均只有一个,不会有两种不同的解释。为了客观收集到相关公正的信息,避免引导性的问题,说法尽量保持中性,没有偏向性,避免受访者计算或估计。例如,"您一年的工资有多少"就不如"您一个月的工资有多少"。避免开放性问题,如果能用选择题,尽量让受访者选择更好,一方面让受访者更愿意回答问卷,另一方面也使得对数据的处理更方便、有效。

三、问卷设计的技巧

掌握了问卷设计的技巧可以大大提升问卷的准确率和利用率,避免大量后期复杂的数据清洗工作。我们在清楚调研的目的之后,要做好一个调查问卷,需要重点注意三个部分,分别是:问卷的开场、鉴假题目、问卷的主体。

1. 问卷的开场往往被忽视

问卷的开场一般要包括两个部分内容,以便让被调查者第一时间掌握问卷大体内容。第一部分包括这份问卷的目的(到底是要做什么?)和问卷设计者(你是谁?)。毕竟当用户拿到问卷时,不知道这份问卷到底是要做什么,因此问卷一定要有开场内容,进而使用户非常明确知道为什么要做这样一份问卷。

第二部分就是受访者的信息收集的部分。既然我们要做问卷调查,就要知道哪些用户做了这份问卷。因此要设计一些问题用于填写受访者个人信息。比如,他的户籍、性别、年龄、职业、学历等,根据需求去收集这些信息。建议最好把受访者信息收集放在问卷的开头,受访者也比较好接受和理解。

2. 设定鉴假关联题帮助甄选问卷是否有效

做调查问卷时候难免遇到一些草率的被调查者,调查的质量就无法保证。为了甄选调查结果中有效结果,我们可以通过设定鉴假题来甄别,以便提高调查的有效性。所谓鉴假题,就是同样的问题以不同说法设定多个题目分布于问卷中,如果答案不一致则认定本问卷结果为假,应当弃掉。注意鉴假题一定不要连在一起,要有间隔,以使受访者作答时不易发现。设计了鉴假题之后,可以筛掉大部分无效问卷,提高我们问卷调查的准确性。

3. 问卷主体设计的五个基础原则

(1) 语言通俗。做调研的时候,不要把一些专业词汇放在问卷里。因为受访者耐心是有限的,最好让被调查者在看到题目的第一时间就可以反映出想表达的意思,而不用浪费更多的时间去解析专业的词汇。

(2) 题目按照重要性优先级顺序排列。在一份问卷里,题量肯定是有限的,要把最重要的题目往前排,第一道题是最重要的,次一级是第二道题。因为受访者在填写问卷的过程中,耐心逐渐减少,所以我们要把最重要的内容优先展示在前面。

(3) 容易受访者接受。调查内容一定是容易被受访者接受,尽量不涉及个人隐私的内容,对于隐私信息可以从侧面了解。例如:您每月用在饮食方面的金额是多少、比例多少?所以问卷中关于用户的隐私和钱的部分,不要问得太直接。

(4) MECE 原则(mutually exclusive collectively exhaustive)。意思是问题及选项设置要相互独立、完全穷尽,对于问题及选项,需要做到不重叠、不遗漏地分类,而且能够借此有效把握问题的核心。问卷遵循 MECE 原则,能够帮助我们收集用户信息更加准确。

(5) 避免诱导原则。语言要中立,不能有任何诱导的语言成分,是设计问卷中非常重要的一部分。问卷中不要给用户非常绝对的选项,所以常用的避免诱导性问卷中,可以用阶梯式的选项让用户选择:很喜欢、比较喜欢、一般、比较不喜欢、不喜欢。

✓ 动手实践

去知网或万方等网站,搜一份问卷,评价该问卷,并指出可以修正的地方。

第三节 问卷星简介及在线问卷设计

一、问卷星简介

问卷星是一个专业的在线问卷调查、测评、投票平台,专注于为用户提供功能强大、人性化的在线设计问卷、采集数据、自定义报表、调查结果分析系列服务。与传统调查方式和其他调查网站或调查系统相比,问卷星具有快捷、易用、低成本的明显优势,已经被大量企业和个人广泛使用。

二、问卷星使用流程

(1) 在线设计问卷:问卷星提供了所见即所得的设计问卷界面,支持多种题型,以及信息栏和分页栏,并可给选项设置分数(可用于量表题或者测试问卷),可以设置跳转逻辑,同时还提供了数十种专业问卷模板供选择。

(2) 发布问卷并设置属性:问卷设计好后可以直接发布并设置相关属性,如问卷分类、说明、公开级别、访问密码等。

(3) 发送问卷:通过发送邀请邮件、微信、QQ、微博、短信等方式将问卷链接发给好友填写。

(4) 查看调查结果:可以通过柱状图和饼状图查看统计图表,卡片式查看答卷详情,分析答卷来源的时间段、地区和网站。

(5) 创建自定义报表:自定义报表中可以设置一系列筛选条件,不仅可以根据答案来做交叉分析和分类统计,还可以根据填写问卷所用时间、来源地区和网站等筛选出符合条件的答卷集合。

(6) 下载调查数据:调查完成后,可以下载统计图表到 Word 文件保存、打印,或者下载原始数据到 Excel 导入 SPSS 等调查分析软件做进一步的分析。

三、问卷星问卷设计步骤及技巧

首先登录问卷星网站 https://www.wjx.cn/,单击创建问卷按钮后,进入问卷类型页面,选择调查,如图 2.1 所示。问卷设计分为在线编辑和文本导入两种方式,下面分别介绍两种方式处理步骤。

图 2.1

1. 在线编辑方式

在调查名称框内,填写您调查问卷的名称,如数据分析课程调查、2020年度满意度调查。输完名称,单击"立即创建"按钮,如图 2.2 所示。

图 2.2

跳转至问卷题目设置页面,主要包括两个区域,分别是左边的题型和右边编辑区域,如图 2.3 所示。

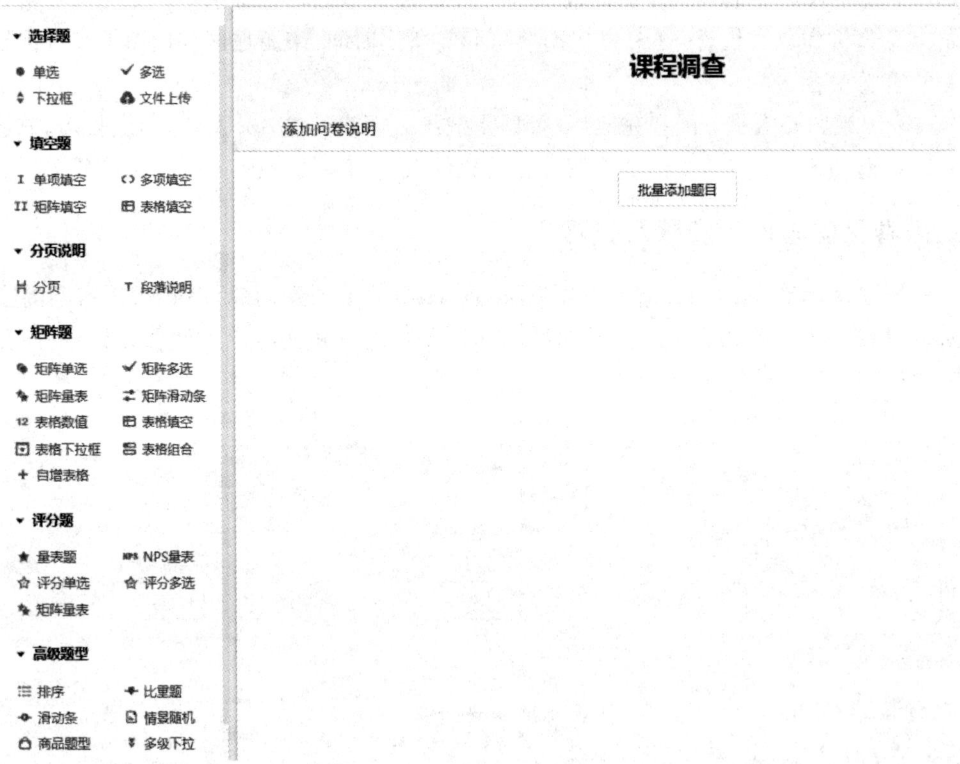

图 2.3

问卷题型区域主要包括"选择题""填空题""分页说明""矩阵题""评分题"和"高级题型"。选择题包括"单选""多选""下拉框"和"文件上传";填空题包括"单项填空""多项填空""矩阵填空"和"表格填空";分页说明包括"分页"和"段落说明";"矩阵题"包括

"矩阵单选""矩阵多选""矩阵量表""矩阵滑动条""表格数值""表格填空""表格下拉框""表格组合""自增表格";"评分题"主要包括"量表题""NPS 量表""评分单选""评分多选"和"矩阵量表";"高级题型"包括"排序""比重题""滑动条""情景随机""商品题型"和"多级下拉",如图 2.4 所示。

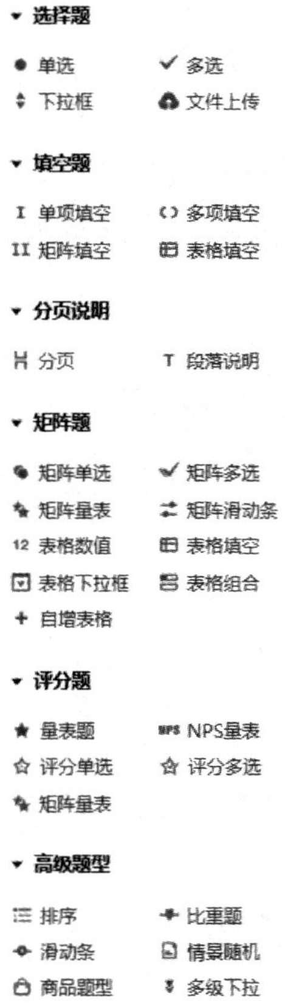

图 2.4

单选题的创建页面,如图 2.5 所示,单击左侧区域"选择题"下的"单选"按钮,右侧编辑区域则出现题目预览和题目编辑区域,在标题输入区域编辑单选标题,然后在选项文字区域编辑选项文字,如选项不够可单击选项右侧"＋"按钮增加选项。"分组设置"可以设置选项顺序随机性和排列方式。"逻辑设置"可以设置"题目关联""跳题逻辑""选项关联"等。

多选题的创建页面,如图 2.6 所示,单击左侧区域"选择题"下的"多选"按钮,右侧编辑区域则出现题目预览和题目编辑区域,在标题输入区域编辑多选标题,然后在"选项文字"区域编辑选项文字,如选项不够可单击选项右侧"＋"按钮增加选项。"分组设置"可以设置选项"至少选几项""最多选几项""顺序随机性"和"排列方式"。"逻辑设置"可以设置"题目关联""跳题逻辑""选项关联"等。

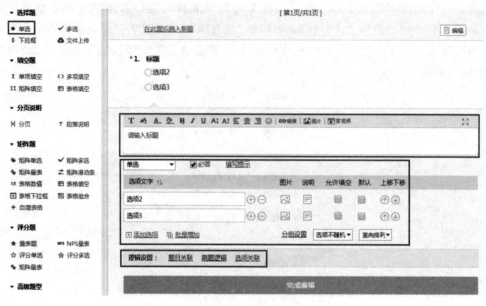

图 2.5

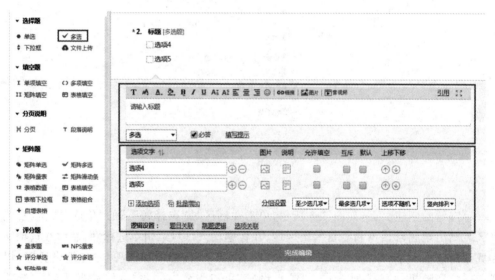

图 2.6

填空题的创建页面,如图 2.7 所示,单击左侧区域"填空题"下的"单项填空"按钮,右侧编辑区域则出现题目预览和题目编辑区域,在标题输入区域编辑标题,然后在选项文字区域编辑选项文字。

多项填空题的创建页面,如图 2.8 所示,单击左侧区域"填空题"下的"多项填空"按钮,右侧编辑区域则出现题目预览和题目编辑区域,在文字填空输入区域编辑文字。

段落说明的创建页面,如图 2.9 所示,单击左侧区域"分页说明"下的"段落说明"按

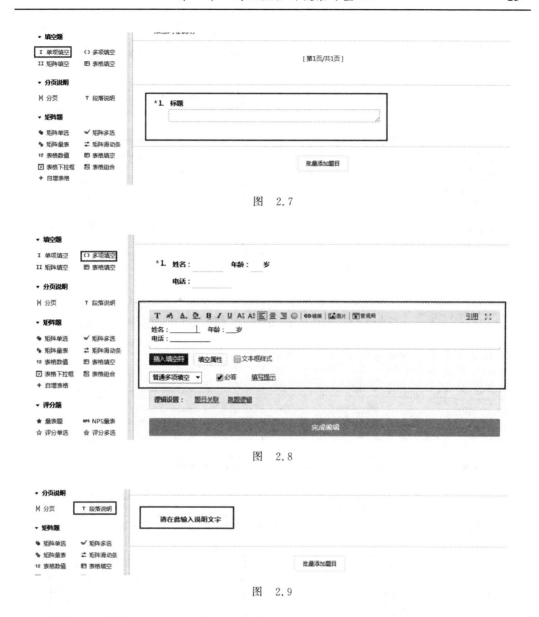

图 2.7

图 2.8

图 2.9

钮,右侧编辑区域则出现文字预览和文字编辑区域,在文字填空输入区域编辑文字。

矩阵单选的创建页面,如图 2.10 所示,单击左侧区域"矩阵题"下的"矩阵单选"按钮,右侧编辑区域则出现题目预览和题目编辑区域,在标题输入区域编辑矩阵单选标题,然后在选项文字区域编辑选项文字,如选项不够可单击选项右边"＋"按钮增加选项。"逻辑设置"可以设置"题目关联""跳题逻辑""选项可选个数"等。

矩阵量表的创建页面,如图 2.11 所示,单击左侧区域"矩阵题"下的"矩阵量表"按钮,右侧编辑区域则出现题目预览和题目编辑区域,在标题输入区域编辑矩阵量表标题,然后在选项文字区域编辑选项文字,如选项不够可单击选项右侧"＋"按钮增加选项。"逻辑设置"可以设置"题目关联""跳题逻辑""选项可选个数"等。

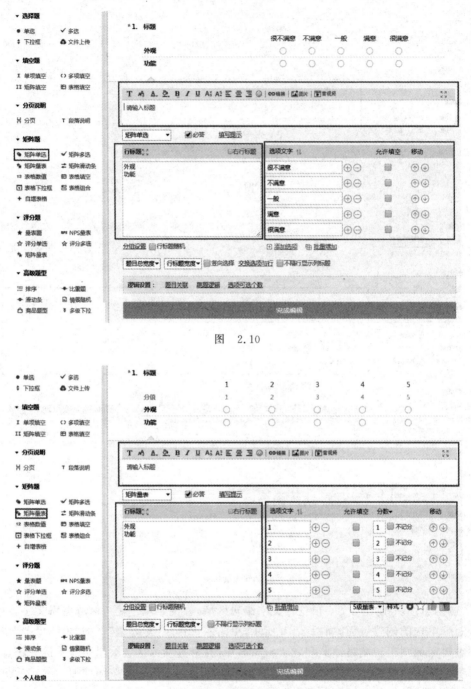

图 2.10

图 2.11

量表题的创建页面,如图 2.12 所示,单击左侧区域"评分题"下的"矩阵单选"按钮,右侧编辑区域则出现题目预览和题目编辑区域,在标题输入区域编辑量表题标题,然后在选项文字区域编辑选项文字,并给每个选项设定对应分数,如选项不够可单击选项右侧"+"

按钮增加选项。"逻辑设置"可以设置"题目关联""跳题逻辑"。

图 2.12

矩阵量表题的创建页面，如图 2.13 所示，单击左侧区域"评分题"下的"矩阵量表"按钮，右侧编辑区域则出现题目预览和题目编辑区域，在标题输入区域编辑量表题标题，然后在选项文字区域编辑选项文字，并给每个选项设定对应分数，如选项不够可单击选项右侧"＋"按钮增加选项。"逻辑设置"可以设置"题目关联""跳题逻辑""选项可选个数"等。

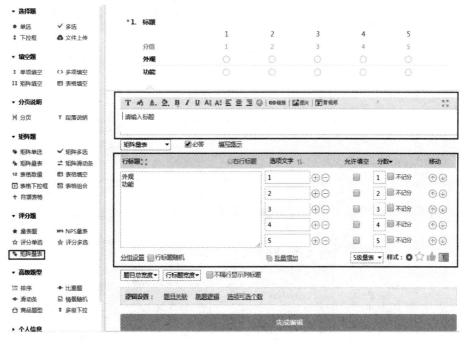

图 2.13

2. 文本导入方式

在问卷创建界面,选择"导入文本"选项,如图 2.14 所示。

图 2.14

进入文本导入界面,主要分为两个区域,左侧区域为 Word 文本录入区域,右侧为自动识别题目预览区域,如图 2.15 所示,这里我们需要事先在 Word 编辑好相应问卷,然后复制粘贴到左侧 Word 文本录入区域,而右侧会根据左侧文本自动识别对应题目并显示。这里需要注意 Word 文本需要注意相对应的格式和题目类型标记,在 Word 将相关题型标记清楚,可以提高自动识别准确率。相关格式和注意事项,如图 2.16 到图 2.24 所示。

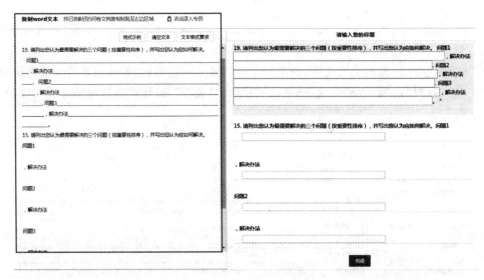

图 2.15

(1)单选题型文本说明,默认识别选择题为单选题。

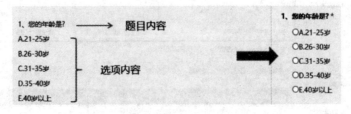

图 2.16

(2) 多选题型文本说明,注意在标题后添加[多选题],以区分单选题。

图 2.17

(3) 填空题,按回车或空行键即可自动识别。

图 2.18

(4) 多项填空题,下划线即可自动识别。

图 2.19

(5) 矩阵题型文本格式说明,标题添加[矩阵题],并在下一行输入选项,最后输入行标题(选项标题)。

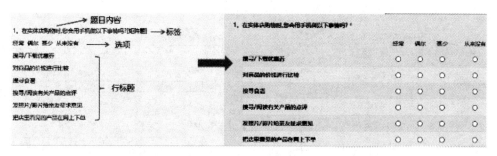

图 2.20

(6) 表格题型文本说明,标题添加[表格题],并在下一行输入问题选项,然后下一行输入列标题,最后输入行标题(选项标题)。

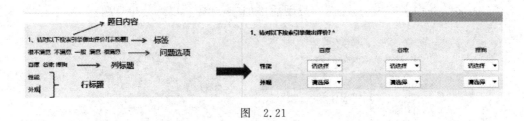

图 2.21

(7) 排序题型文本说明,标题添加[排序题]。

图 2.22

(8) 比重题型文本说明,标题添加[比重题]。

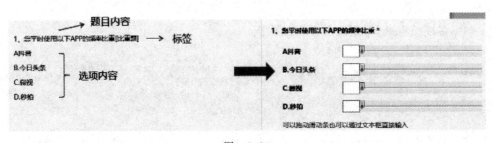

图 2.23

(9) 段落说明文本说明,标题添加[段落说明]。

图 2.24

三、问卷星问卷发布与数据收集

1. 问卷的发布流程

问卷题目内容编辑完以后,单击右上角"完成编辑"按钮,如图 2.25 所示,即跳转到发布问卷页面,单击"发布此问卷"按钮,如图 2.26 所示。

图 2.25

图 2.26

问卷即可生成的相对应的网址和二维码,如图 2.27 所示,此网址和二维码可以保存也可以快捷分享微信、QQ、空间和微博。

图 2.27

还可以对二维码进行美化,单击"美化二维码"按钮即跳转美化界面,如图 2.28 所示。

2. 问卷数据的收集流程

在问卷首页,可以在已开始调查的问卷单击"分析 & 下载"按钮,如图 2.29 所示,然后跳转至分析下载页面。分析下载页面共分统计分析、查看下载答卷、答案来源分析和完

图 2.28

图 2.29

成率分析四个模块,如图 2.30 所示。

1) 统计分析模块

统计分析默认页面,该页面只需单击每道题后面的详情,就可以看到每道题的详情统计。也可以快捷的进行相关统计图表,单击可统计图形的题下方的图表按钮,如"表格""饼状图"(图 2.31)"圆环图""柱状图"(图 2.32)和"条形图"。

分类统计功能,可以针对问卷进行分类筛选,可以筛选出你需要的分类统计数据,如图 2.33 所示可以筛选出性别为男的相关数据。

交叉分析功能,可以在线针对两类变量数据进行交叉分析,如图 2.34 所示。

自定义查询功能,在本模块可以针对题目进行更多的筛选,如等于某个值、不等于某个值、包含和不包含,类似于 Excel 里的筛选,如图 2.35 所示。

2) 查看下载答卷模块

查看下载答卷模块中,可以下载问卷数据原文件,如图 2.36 所示。然后可以下载相关数据文档如图 2.37 所示。

第二章　商业数据的搜集与整理

图　2.30

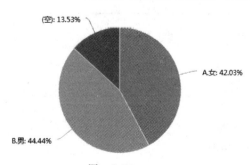

图　2.31

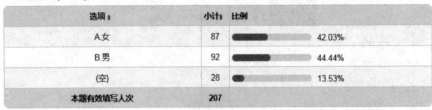

图 2.32

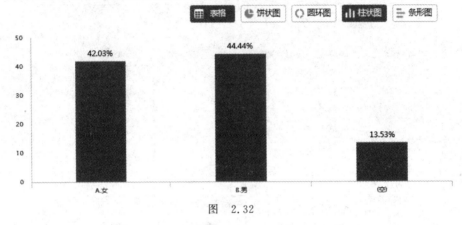

图 2.33

默认报告
分类统计
交叉分析
自定义查询
交叉分析(数据计算说明)
我的交叉分析
自变量X(一般为样本属性，例如性别，年龄等。限2题)
因变量Y(您要分析的目标题目，限10题)
2. 您的性别:
5、教育程度:
增加条件
增加条件
数据源
新建数据源
交叉分析
保存
图标类型：表格
饼状
圆环
柱状
折线
条形
隐藏选项：空
跳过
5. 受教育程度:[单选题]
X\Y
A.小学
B.初中
C.高中
D.中专
E.大专以上
(空)
小计
A.女
5(5.75%)
37(42.53%)
10(11.49%)
6(6.90%)
12(13.79%)
17(19.54%)
87
B.男
7(7.61%)
40(43.48%)
16(17.39%)
6(6.52%)
7(7.61%)
16(17.39%)
92

图　2.34

默认报告
分类统计
交叉分析
自定义查询
自定义查询
我的筛选
(4).:您的年龄
不包含
等于
不等于
包含
不包含
查询
保存

图　2.35

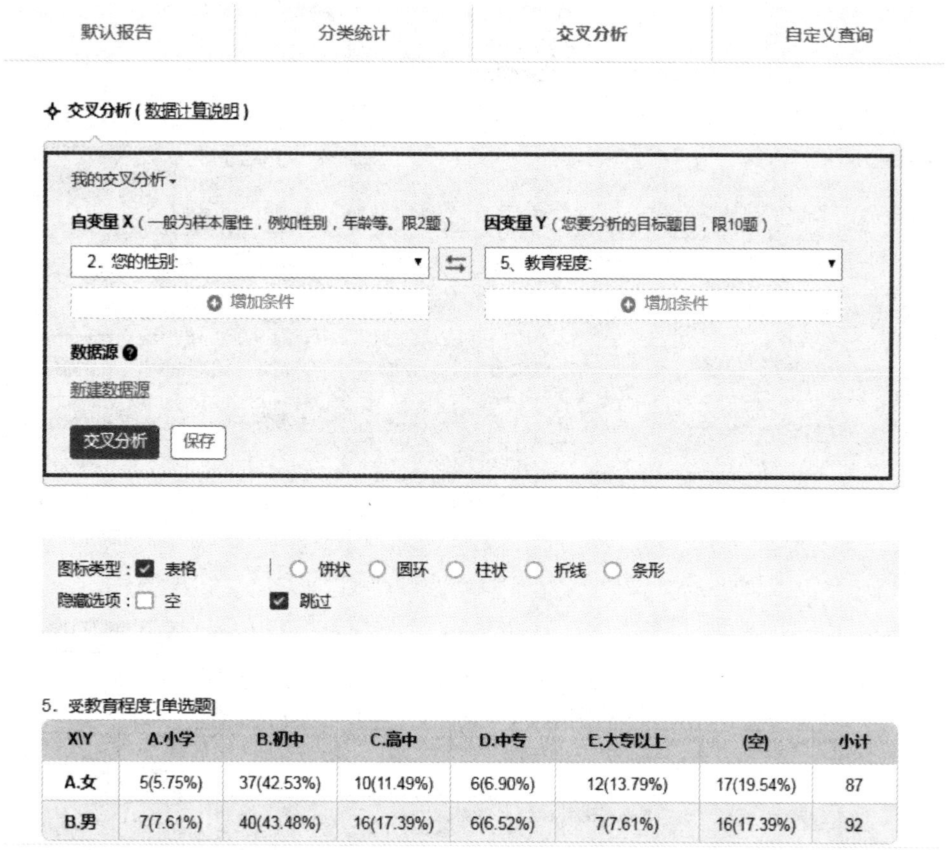

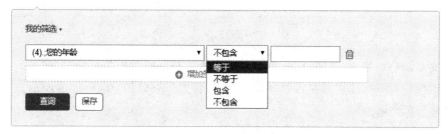

图 2.36

图 2.37

答案来源分析模块,如图 2.38 所示来看答案来源分析的相关数据。

在本模块可以按照来源渠道、时间段和地理位置进行分析,如图 2.39 所示。

✓动手试一试

1. 扫描图 2.28 中二维码并填写问卷。
2. 请将你上次修改该问卷导入问卷星并生成链接发给朋友。
3. 下载相关问卷数据。

第二章 商业数据的搜集与整理　　35

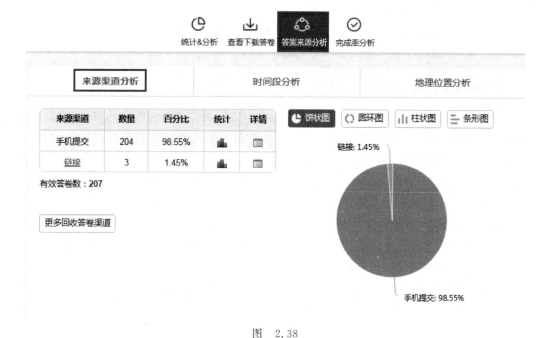

图 2.38

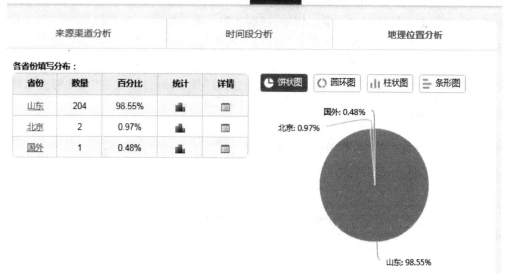

图 2.39

第四节　数据的预处理和 Excel 操作技巧

一、数据的预处理

针对问卷数据,需要先进行问卷数据核对和清理,以提高问卷数据的质量,降低问卷数据统计过程中的出错率。核对和清理工作是在计算机的帮助下进行的,主要包括对问卷数据有效范围的清理、问卷数据逻辑一致性的清理和问卷数据质量的抽查有效范围的清理,主要指的是对数据中的奇异值进行清理。对于问卷中的任何一个变量来说,它的有效编码值往往都在某一个范围之内,当数据中的数字超出了这一范围时,可以肯定这个数字一定是错误的。

逻辑一致性的清理除了数据输入的奇异值,还有一种较为复杂的工作就是逻辑一致性的清理。其基本思路是依据问卷中的问题相互之间所存在的某种内在的逻辑联系,来检查前后数据之间的合理性,主要针对的是相关联问题和多选题中的多项限选题等。例如,婚姻状况中为"未婚"的个案数据中出现了"配偶的文化程度、职业"的答案数字等,这属于逻辑错配。

二、Excel 操作技巧

1. 数据筛选

在 Excel 中核对合理的数据。问卷数据输入完成后,可以利用 Excel 的数据"筛选"功能。找出数据范围错误的个案。例如,性别列中合理的数据应为 1、2(性别男和女),但目前该列中的有超过 1、2 的数字存在。可用下列步骤来筛选出范围不合理的数字行。

打开 Excel 单击要筛选的列的第一个单元格,然后单击"数据"选项卡下的"筛选"按钮。例如,图 2.40 中单击"性别"单元格,单击"筛选"按钮。此时"性别"单元格会出现下

图　2.40

拉箭头按钮,如图 2.41 所示。单击"性别"单元格下拉箭头按钮,在弹出的下拉菜单中可显示在该列中输入的各种数据,取消勾选"错误编码值"复选框,如图 2.41 所示,取消-2、-1、3、4、5、6,单击"确定"按钮,则会暂时隐藏不符合条件的数据行(个案)。采用这种方法也可以筛选其他不符合的关联个案数,进而筛选有效数据。

图 2.41

进入筛选状态后,单击下拉箭头按钮。单击"数字筛选"按钮,选择"介于"选项,在"自定义自动筛选方式"选项卡,单击下拉箭头选择"等于"后面输入"1",单击"或"单选按钮,单击下拉箭头选择"等于"选项后面输入"2",如图 2.42 和图 2.43 所示。

删除重复的数据,当数据中出现多个相同的个案数据,但只一个学号只需要一个个案,可以快速删除重复的数据,单击"数据"选项卡下的"删除重复项"按钮,如图 2.44 所示,然后出现删除重复项界面,单击"取消全选"按钮,选择"学号",单击"确定"按钮,如图 2.45 所示。

2. 数据匹配

获得数据后,尤其是二手数据,往往会遇到有些数据在一个表上,而需要的另外一些相关数据在另一个表上,为了合并两部分数据,如果用复制查找功能效率就太低了,Excel 提供了匹配查找函数可以方便我们匹配相关数据。

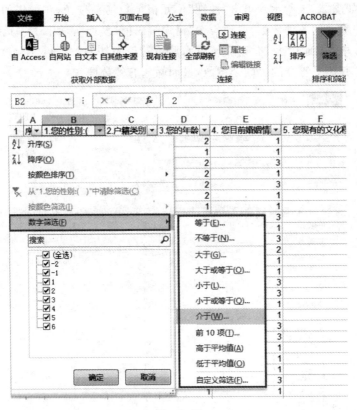

图 2.42

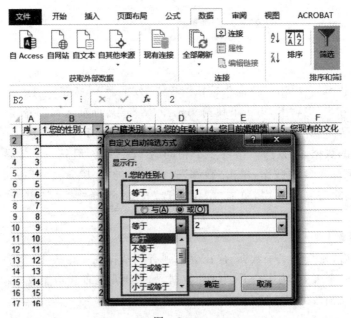

图 2.43

第二章 商业数据的搜集与整理

图 2.44

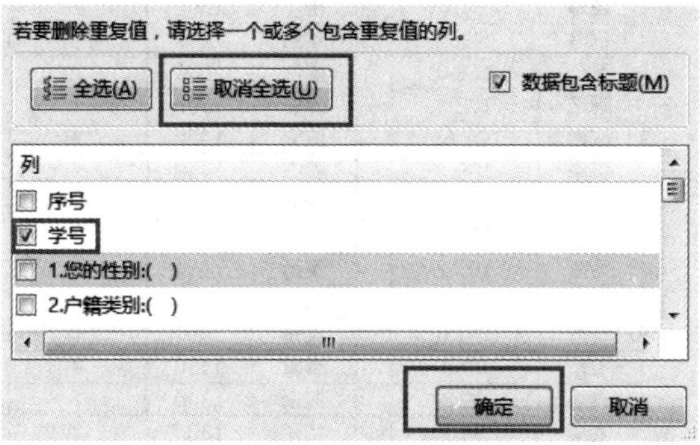

图 2.45

VLOOKUP 函数是 Excel 中的一个纵向查找函数,它与 HLOOKUP 函数属于一类函数,在工作中都有广泛应用。例如,其可以用来核对数据,多个表格之间快速导入数据等函数功能。功能是按列查找,最终返回该列所需查询序列所对应的值;与之对应的 HLOOKUP 是按行查找的。

该函数的语法规则如下。

VLOOKUP(lookup_value,table_array,col_index_num,range_lookup)

Lookup_value 为需要在数据表第一列中进行查找的数值。Lookup_value 可以为数值、引用或文本字符串。

Table_array 为需要在其中查找数据的数据表。使用对区域或区域名称的引用。

col_index_num 为 table_array 中查找数据的数据列序号。col_index_num 为 1 时,返回 table_array 第一列的数值,col_index_num 为 2 时,返回 table_array 第二列的数值,依此类推。如果 col_index_num 小于 1,函数 VLOOKUP 返回错误值 ♯VALUE!;如果 col_index_num 大于 table_array 的列数,函数 VLOOKUP 返回错误值♯REF!。

Range_lookup 为一逻辑值,指明函数 VLOOKUP 查找时是精确匹配,还是近似匹配。如果为 FALSE 或 0,则返回精确匹配,如果找不到,则返回错误值 ♯N/A。如果 range_lookup 为 TRUE 或 1,函数 VLOOKUP 将查找近似匹配值,也就是说,如果找不到精确匹配值,则返回小于 lookup_value 的最大数值。如果 range_lookup 省略,则默认为 1。

如图 2.46 所示,我们要在 A2:B18 区域中提取地市为济南、青岛、淄博、枣庄、东营、烟台、潍坊、济宁、泰安、威海、日照、莱芜、临沂、德州、聊城、滨州和菏泽的生活资料消费价格指数,并对应的输入到 F2:F8 中。数据量大时,一个一个地手动查找十分烦琐,这里使用 VLOOKUP 函数。

	A	B	C	D	E	F
1	地市	生活资料消费价格指数		地市	最低工资水平	生活资料消费价格指数
2	济南	101.2		济南	1600	?
3	济宁	99.6		青岛	1600	?
4	泰安	101.1		淄博	1600	?
5	威海	98.1		枣庄	1600	?
6	日照	93.7		东营	1600	?
7	莱芜	128.6		烟台	1600	?
8	聊城	102.9		潍坊	1600	?
9	滨州	98.6		济宁	1450	?
10	菏泽	100.2		泰安	1450	?
11	枣庄	101.4		威海	1450	?
12	东营	101.3		日照	1450	?
13	烟台	100.2		莱芜	1450	?
14	潍坊	98.4		临沂	1300	?
15	临沂	101.0		德州	1300	?
16	德州	99.8		聊城	1300	?
17	青岛	99.8		滨州	1300	?
18	淄博	98.3		菏泽	1300	?

图 2.46

如图 2.47 所示,我们要在"F2"中输入"=VLOOKUP(D2,A:B,2,0)",其中"D2"表示链接两个数据列的中介归属,以便可以识别原始数据的归属。"A:B"表原始数据列,A 列为数据归属列,B 列为目标数据列。"2"表示目标数据列(需要筛选取的数据列)为第 2 列的数据。"0"表示精确匹配。然后按回车键即可得到相关数据。

	A	B	C	D	E	F
1	地市	生活资料消费价格指数		地市	最低工资水平	生活资料消费价格指数
2	济南	101.2		济南		=VLOOKUP(D2,A:B,2,0)
3	济宁	99.6		青岛	160(	VLOOKUP(lookup_value, ta
4	泰安	101.1		淄博	1600	
5	威海	98.1		枣庄	1600	
6	日照	93.7		东营	1600	
7	莱芜	128.6		烟台	1600	
8	聊城	102.9		潍坊	1600	
9	滨州	98.6		济宁	1450	
10	菏泽	100.2		泰安	1450	
11	枣庄	101.4		威海	1450	
12	东营	101.3		日照	1450	
13	烟台	100.2		莱芜	1450	
14	潍坊	98.4		临沂	1300	
15	临沂	101.0		德州	1300	
16	德州	99.8		聊城	1300	
17	青岛	99.8		滨州	1300	
18	淄博	98.3		菏泽	1300	

图 2.47

如图 2.48 所示,济南已匹配相关数据,这是我们需要匹配其他地市数据可以单击济南数据单元格并双击单元格右下角的"＋"按钮进而可以得到其他地市的数据,如图 2.49 所示。

地市	生活资料消费价格指数	地市	最低工资水平	生活资料消费价格指数
济南	101.2	济南	1600	101.2
济宁	99.6	青岛	1600	
泰安	101.1	淄博	1600	
威海	98.1	枣庄	1600	
日照	93.7	东营	1600	
莱芜	128.6	烟台	1600	
聊城	102.9	潍坊	1600	
滨州	98.6	济宁	1450	
菏泽	100.2	泰安	1450	
枣庄	101.4	威海	1450	
东营	101.3	日照	1450	
烟台	100.2	莱芜	1450	
潍坊	98.4	临沂	1300	
临沂	101.0	德州	1300	
德州	99.8	聊城	1300	
青岛	99.8	滨州	1300	
淄博	98.3	菏泽	1300	

图 2.48

地市	生活资料消费价格指数	地市	最低工资水平	生活资料消费价格指数
济南	101.2	济南	1600	101.2
济宁	99.6	青岛	1600	99.8
泰安	101.1	淄博	1600	98.3
威海	98.1	枣庄	1600	101.4
日照	93.7	东营	1600	101.3
莱芜	128.6	烟台	1600	100.2
聊城	102.9	潍坊	1600	98.4
滨州	98.6	济宁	1450	99.6
菏泽	100.2	泰安	1450	101.1
枣庄	101.4	威海	1450	98.1
东营	101.3	日照	1450	93.7
烟台	100.2	莱芜	1450	128.6
潍坊	98.4	临沂	1300	101
临沂	101.0	德州	1300	99.8
德州	99.8	聊城	1300	102.9
青岛	99.8	滨州	1300	98.6
淄博	98.3	菏泽	1300	100.2

图 2.49

✓ 试一试

下载相关问卷数据并利用 Excel 进行数据预处理。

【扩展阅读】

样本大小之谜

【即测即练】

第三章　商业数据分析之描述性统计分析

　　当拿到一堆数据时,无论我们要做什么分析,都是从描述性统计分析开始。例如,对某一企业将所有员工的工资列出直方图或折线图可以观察其分布状况,或者计算出每个员工的平均工资等,通过描述性统计分析得到原始数据的一些基本特征,为进一步分析提供思路。

　　针对数据的描述性分析通常包括:编制单个变量的频数分布表,多变量的交叉频数分布表,计算单个变量的描述统计量以及不同分组下的描述统计量,并以此分析变量之间的关系;探索性分析;数据的多选项分析。通常我们为了实现上述分析,往往采用两种方式:第一,图形绘制,即绘制常见的基本统计图形,通过图形直观展现数据的分布特点;第二,数值计算,即计算常见的基本统计量,通过数值准确反映数据的基本统计特征,反映变量统计特征上的差异。通常我们要将统计量数值计算和统计图形绘制结合起来使用。

第一节　频 数 分 析

　　描述性统计分析往往从频数分析开始,对初步掌握数据的分布特征是非常有效的。在问卷数据分析中,通常应首先对受访者的个人信息情况等进行分析和总结。通过这些基本分析,可以在一定程度上把握这次调查的样本是否具有总体代表性,抽样是否存在系统偏差等,并可以据此来验证相关问卷问题数据分析的可信性,也就是这些分析通常可以通过频数分析来实现。

　　频数分析首先是编制频数分布表,SPSS 中的频数分布表主要包括的内容有:频数即变量值落在某个区间中的次数、百分比即各频数占总样本量的百分比、有效百分比即各频数占总有效样本量的百分比、累计百分比即各百分比逐级累加起来的结果为 100%。

　　频数分析后可以绘制相关统计图。统计图是一种最直观的数据刻画方式,能够非常清晰直观地展示变量的取值状况。频数分析中常用的统计图包括以下几种。

　　(1)柱形图或条形图,即用宽度相同的条形的高度或长短来表示频数分布变化的图形,适用于定序和定类变量的分析。柱形图的纵坐标或条形图的横坐标可以表示频数,也可以表示百分比,它们又分为单式图和复式图等形式。

　　(2)饼图,即用圆形及圆内扇形的面积来表示频数百分比变化的图形,有利于研究事物内在结构组成等问题。饼图中的扇形面积可以表示频数,也可以表示百分比。

　　(3)直方图,即用矩形的面积来表示频数分布变化的图形,适用于数值型变量的分析。通常可以在直方图上附加正态分布曲线,方便与正态分布比较。

频数分析的操作实例

　　【案例 3.1】　某一连锁服装店,承接了一个团队已付定制,目前有这 50 名顾客的身高数据,尝试分析这 50 名顾客的身高分布特征,计算平均值、最大值、最小值和标准差等统计量,绘制频数表和直方图。

首先打开相关数据文件,如图 3.1 所示。

图 3.1

将数据导入到 SPSS 中,打开 SPSS 后可以打开"文件"菜单—单击"数据文件"—下拉选择 Excel 文件选项,双击"案例 3.1.xls"如图 3.2 所示。

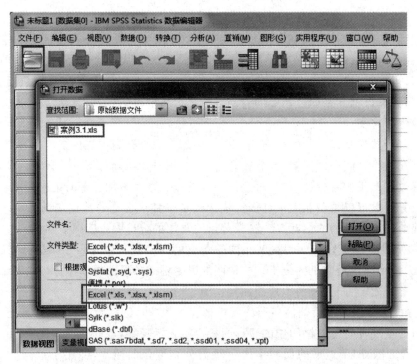

图 3.2

第三章　商业数据分析之描述性统计分析　　45

在弹出的对话框中,如图 3.3 所示,勾选"从第一行数据读取变量名"复选框,单击"确定"按钮即可打开数据。

图　3.3

如图 3.4 所示,相关数据文件已经导入 SPSS 中,为了避免统计分析出错,需要单击"变量视图"按钮核实数据变量参数设定是否符合实际情况。

图　3.4

在变量视图界面中,度量标准有三种类型分别为名义、度量、序号,分别代表文本、数值和序列数据类型,此时身高应设定为度量,如图 3.5 所示。

如图 3.6 所示依次打开"分析"—"描述统计"—"频率"菜单,打开频率对话框。

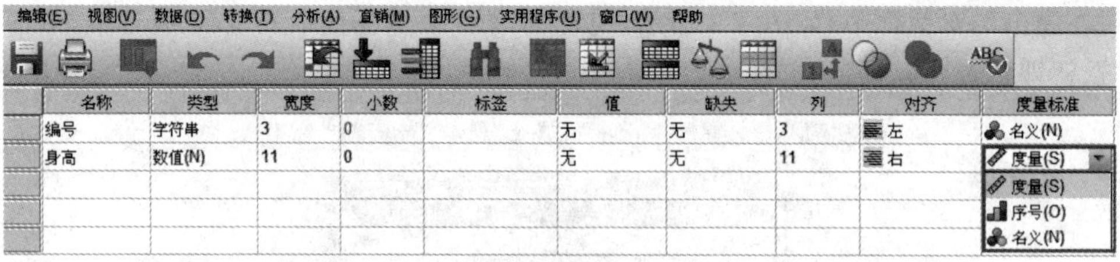

图 3.5

图 3.6

在频率对话框(图 3.7)中,将身高选入变量中。

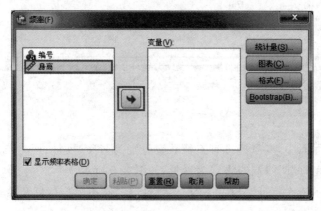

图 3.7

然后单击"统计量"按钮,打开统计量对话框,如图 3.8 所示。

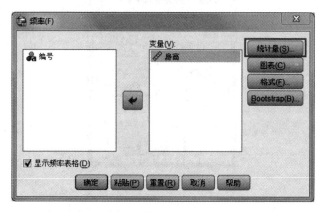

图 3.8

在"频率:统计量"对话框(图 3.9)"百分位值"区域勾选"四分位数""割点"复选框;"集中趋势"区域勾选"均值""中位数""众数"和"合计"复选框;"离散"区域勾选"标准差""方差""范围""最小值""最大值"和"均值的标准误"复选框;"分布"中勾选"偏度"和"峰度"复选框。

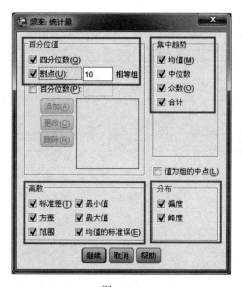

图 3.9

在如图 3.8 所示的对话框中,单击"图表"按钮,打开"频率:图表"对话框如图 3.10 所示,单击"直方图"单选按钮和勾选"在直方图上显示正态曲线"复选框。单击"继续"按钮,然后在如图 3.8 所示的对话框中单击"确定"按钮开始分析。

分析结果在结果输出窗口中,结果如下:统计量结果如表 3.1 所示,可见没有缺失值,均值为 169.72,均值的标准误为 0.989,中值为 171.5,众数为 175,标准差为 6.993,方差为 48.9,偏度为 −0.446,偏度的标准误为 0.337,全距为 27,极小值为 154,极大值为 181,和为 8 486,百分位数分别为 158.40、163.20、164.00、165.00、167.40、171.50、174.00、

图 3.10

175.00、175.25、176.00 和 177.90。请尝试从这些统计量总结出一些结论来反应该顾客团体的情况。

表 3.1

身高		有效值个数	50
		缺失值个数	0
均值			169.72
均值的标准误			0.989
中值			171.50
众数			175
标准差			6.993
方差			48.900
偏度			−0.446
偏度的标准误			0.337
峰度			−0.760
峰度的标准误			0.662
全距			27
极小值			154
极大值			181
和			8 486
百分位数		10%分位数	158.40
		20%分位数	163.20
		25%分位数	164.00
		30%分位数	165.00
		40%分位数	167.40
		50%分位数	171.50
		60%分位数	174.00
		70%分位数	175.00
		75%分位数	175.25
		80%分位数	176.00
		90%分位数	177.90

如表 3.2 所示的身高频率表可见,每个有效的数据所对应的频率及占比和累积百分比。例如,身高 165 厘米有 3 个个案,占比 2%,累积 32%。

表 3.2

身高(厘米)	频率	百分比(%)	有效百分比(%)	累积百分比(%)
154	1	2.0	2.0	2.0
156	1	2.0	2.0	4.0
157	2	4.0	4.0	8.0
158	1	2.0	2.0	10.0
162	2	4.0	4.0	14.0
163	3	6.0	6.0	20.0
164	3	6.0	6.0	26.0
165	3	6.0	6.0	32.0
166	1	2.0	2.0	34.0
167	3	6.0	6.0	40.0
168	4	8.0	8.0	48.0
171	1	2.0	2.0	50.0
172	1	2.0	2.0	52.0
173	2	4.0	4.0	56.0
174	4	8.0	8.0	64.0
175	6	12.0	12.0	76.0
176	5	10.0	10.0	86.0
177	2	4.0	4.0	90.0
178	3	6.0	6.0	96.0
181	2	4.0	4.0	100.0
合计	50	100.0	100.0	

如图 3.11 所示的直方图,和正态分布线比较可见,近似符合正态分布特点。

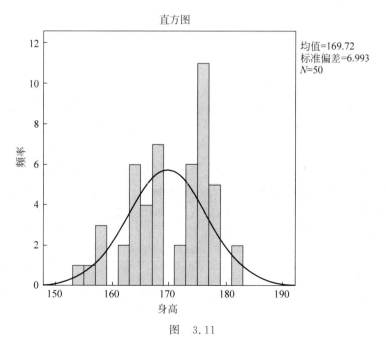

图 3.11

尝试根据表 3.1 到图 3.11 分析该样本的相关结论，并制作相关报告。

第二节 探索分析

探索分析就是对原始数据的特点、分布等完全不知道的情况下针对样本数据，可以进行分组统计、图形描述等，以便对相关变量进行深入探索的描述性统计方法。

探索分析操作实例

【案例 3.2】 表 3.3 所示为济南某两个商场 12 个月份的销售利润，请对两个商场某年各月的销售利润进行探索分析，研究其特征。

表 3.3

月 份	A 商场	B 商场
1	1.8	0
2	8.3	7
3	9.6	8.8
4	14.7	16
5	20	23.3
6	21.8	26.2
7	22.2	26.6
8	23.4	25.4
9	20.1	21.8
10	16.2	14.7
11	9.6	8.3
12	3.8	2.3

打开案例 3.2 数据如图 3.12 所示，为了便于使用 SPSS 分析两个商场 12 个月份的相关数据，这两个商场要单独列出一个变量，以便根据商场的值来进行区分和计算。

如图 3.13 所示依次单击"分析"—"描述统计"—"探索"菜单项，打开探索对话框。

如图 3.14 所示依次将"销售利润"选入"因变量"列表，将"商场"选入"因子列表"，将"月份"选入"标注个案"中。

单击"统计量"按钮打开探索：统计量对话框，如图 3.15 所示勾选"描述性""M-估计量""界外值"和"百分位数"复选框，单击"继续"按钮。

然后在探索分析对话框中单击"绘制"按钮，如图 3.16 所示打开"探索：图"对话框，在"描述性"中勾选"茎叶图"和"直方图""带检验的正态图"复选框单击"继续"按钮开始分析过程。

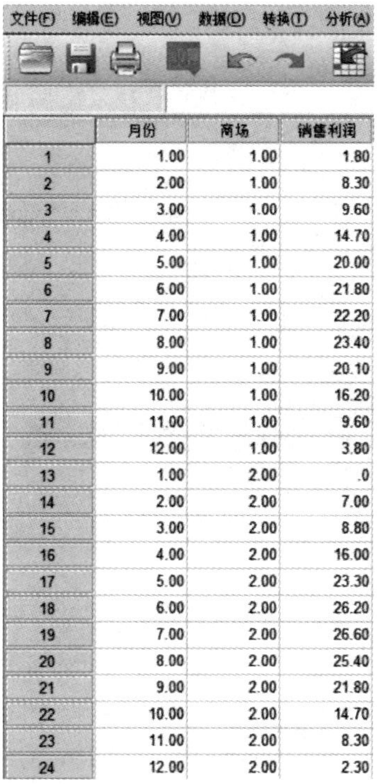

	月份	商场	销售利润
1	1.00	1.00	1.80
2	2.00	1.00	8.30
3	3.00	1.00	9.60
4	4.00	1.00	14.70
5	5.00	1.00	20.00
6	6.00	1.00	21.80
7	7.00	1.00	22.20
8	8.00	1.00	23.40
9	9.00	1.00	20.10
10	10.00	1.00	16.20
11	11.00	1.00	9.60
12	12.00	1.00	3.80
13	1.00	2.00	.0
14	2.00	2.00	7.00
15	3.00	2.00	8.80
16	4.00	2.00	16.00
17	5.00	2.00	23.30
18	6.00	2.00	26.20
19	7.00	2.00	26.60
20	8.00	2.00	25.40
21	9.00	2.00	21.80
22	10.00	2.00	14.70
23	11.00	2.00	8.30
24	12.00	2.00	2.30

图 3.12

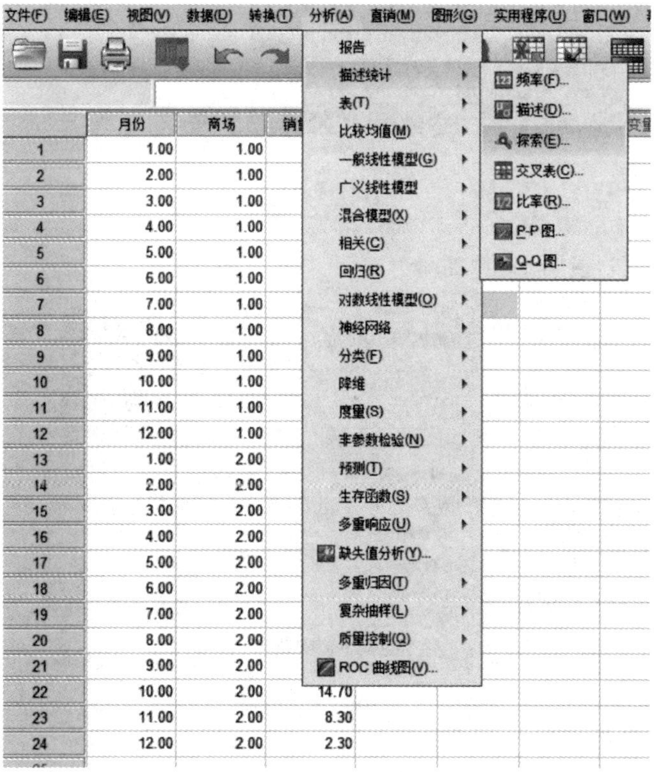

图 3.13

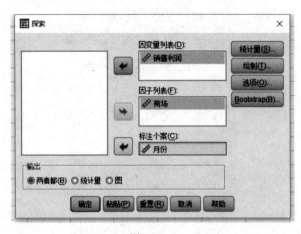

图 3.14

图 3.15

图 3.16

分析结果如表 3.4 所示,两个商场各有 12 个数据。

表 3.4

销售利润		有效		案例缺失		合计	
		N	百分比(%)	N	百分比(%)	N	百分比(%)
商场	A	12	100.0	0	0.0	12	100.0
	B	12	100.0	0	0.0	12	100.0

统计量如表 3.5 所示,A 商场的均值 14.292,均值的 95% 的置信区间为 9.529～19.054,中值为 15.450,方差为 56.186,标准差为 7.495 8,极小值 1.8,极大值 23.4,四分位距 12.8,偏度 −0.379,峰度 −1.293;B 商场的为均值 15.033,均值的 95% 置信区间 8.921～21.146,中值为 15.350,方差为 92.544,标准差 9.62,极小值为 0,极大值 26.6,四分位距 17.6,偏度 −0.196,峰度 −1.515。

表 3.5

	销售利润		统计量	标准误
A 商场	均值		14.292	2.163 8
	均值的 95% 置信区间	下限	9.529	
		上限	19.054	
	5%修整均值		14.480	
	中值		15.450	
	方差		56.186	
	标准差		7.495 8	
	极小值		1.8	
	极大值		23.4	
	范围		21.6	
	四分位距		12.8	
	偏度		−0.379	0.637
	峰度		−1.293	1.232
B 商场	均值		15.033	2.777 1
	均值的 95% 置信区间	下限	8.921	
		上限	21.146	
	5%修整均值		15.226	
	中值		15.350	
	方差		92.544	
	标准差		9.620 0	
	极小值		0.0	
	极大值		26.6	
	范围		26.6	
	四分位距		17.6	
	偏度		−0.196	0.637
	峰度		−1.515	1.232

M 统计量可以用来判别数据中是否有明显异常值,SPSS 输出的 M 估计量共有 4 种,这四种区别是相应加权值不同。从结果(表 3.6)可以见到四种不同加权下的最大似然结果,可以发现,A 商场和 B 商场的销售利润四个 M 估计量平均数都很接近,说明没有明显异常值。

表 3.6

商场	Huber 的 M-估计器	Tukey 的双权重	Hampel 的 M-估计器	Andrews 波
A 商场	14.944	14.699	14.519	14.698
B 商场	15.608	15.287	15.142	15.287

百分位数是一个位置指标数据,将一组观测值分成两部分,百分位数 10 代表的就是有 10% 的数据比该值小,有 90% 的比该值大,如表 3.7 所示。

表 3.7

标准	销售利润	百分位数						
		5	10	25	50	75	90	95
加权平均	A 商场	1.800	2.400	8.625	15.450	21.375	23.040	—
	B 商场	0.000	0.690	7.325	15.350	24.875	26.480	—
Tukey 的枢纽	A 商场			8.950	15.450	20.950		
	B 商场			7.650	15.350	24.350		

极值表(表 3.8)则给出了分组数据的五个最大值和最小值。A 商场最高的五个月份是 8 月、7 月、6 月、9 月、5 月,最低的五个月份是 1 月、12 月、2 月、11 月、3 月;B 商场最高的五个月份是 7 月、6 月、8 月、5 月、9 月,最低的五个月份是 1 月、12 月、2 月、11 月、3 月。

表 3.8

商场	标准	序号	案例号	月份	销售利润
A 商场	最高	1	8	8	23.4
		2	7	7	22.2
		3	6	6	21.8
		4	9	9	20.1
		5	5	5	20.0
	最低	1	1	1	1.8
		2	12	12	3.8
		3	2	2	8.3
		4	11	11	9.6
		5	3	3	9.6

续表

商场	标准	序号	案例号	月份	销售利润
B商场	最高	1	19	7	26.6
		2	18	6	26.2
		3	20	8	25.4
		4	17	5	23.3
		5	21	9	21.8
	最低	1	13	1	0.0
		2	24	12	2.3
		3	14	2	7.0
		4	23	11	8.3
		5	15	3	8.8

如表 3.9 所示，两组的显著性都比较低，正态分布特征不明显。

表 3.9

商场	Kolmogorov-Smirnov			Shapiro-Wilk		
	统计量	df	Sig.	统计量	df	Sig.
A商场	0.194	12	0.200*	0.915	12	0.250
B商场	0.176	12	0.200*	0.911	12	0.218

* 这是真实显著水平的下限。

两个商场的直方图如图 3.17 和图 3.18 所示，可见无明显集中趋势。

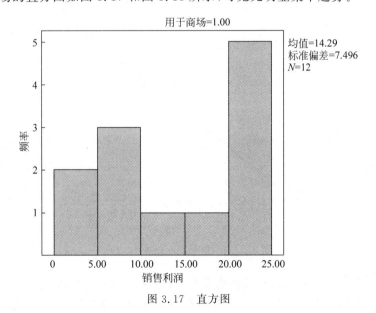

图 3.17 直方图

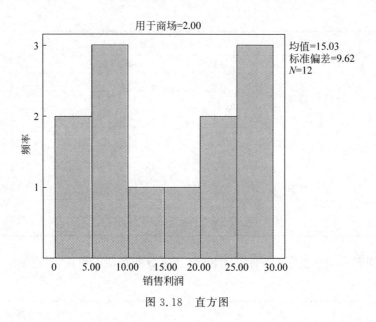

图 3.18　直方图

如图 3.19 和图 3.20 是正态概率图,其中斜线为正态分布的标准线,点表示实际数据的分布,各点越是接近直线,则数据分布越接近正态分布,本例拟合不是很好,说明正态分布不明显。

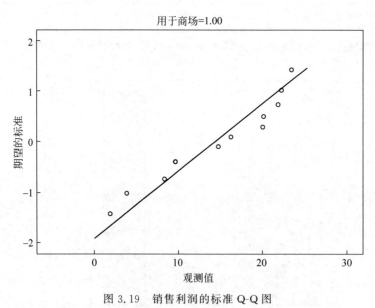

图 3.19　销售利润的标准 Q-Q 图

图 3.21 和图 3.22 是去掉趋势的正态概率图,反映的是按正态分布计算的理论值和实际值的差的分布情况,如果是正态分布数据点应均匀分布在中间标准线上下,本例可见数据分布不均匀,所以正态分布不明显。

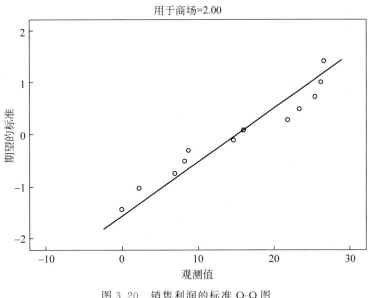

图 3.20 销售利润的标准 Q-Q 图

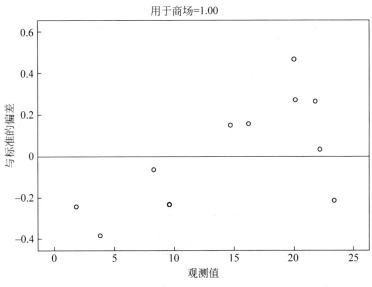

图 3.21 销售利润的趋降标准 Q-Q 图

图 3.23 给出了两个商场销售利润的箱图,其中箱为四分位间距的范围,中间较粗的横线表示平均数,最上和最下的细横线是极大值和极小值。

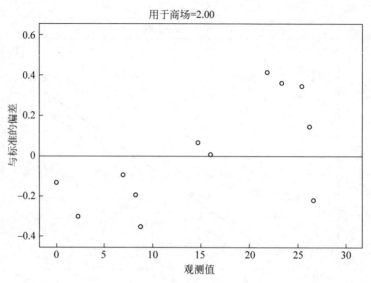

图 3.22　销售利润的趋降标准 Q-Q 图

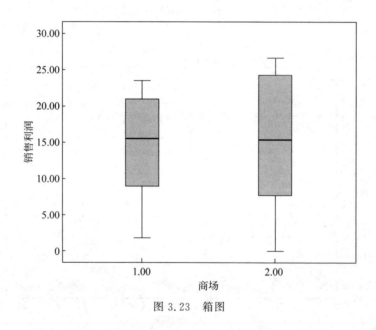

图 3.23　箱图

第三节　交叉表分析

调查经常使用交叉表来分析两个变量之间的关系,如年龄与学历、收入与学历、幸福感与性别、幸福感与年龄、幸福感与学历等。交叉表至少指定两个变量,可以分析其之间的相关关系。交叉表容易理解,便于操作,可以解释比较复杂的现象,应用比较广泛。

交叉表分析操作实例

【案例 3.3】 我们利用 1991 年针对社会的调查数据文件,该数据包括 1517 个受访者的基本信息和调查信息,尝试做不同性别和幸福感的交叉分析。

打开数据文件"案例 3.3.sav",如图 3.24 所示依次单击"分析"—"描述统计"—"交叉表"菜单项,打开交叉表对话框。

图 3.24

在"交叉表"对话框里,选择"性别"到"行",选择"幸福感"到"列"里,单击"继续"按钮,如图 3.25 所示。

然后单击"统计量"按钮打开"交叉表:统计量"对话框,勾选"卡方"复选框,单击"继续"按钮,如图 3.26 所示。

然后单击"单元格"按钮打开"交叉表:单元显示"对话框,在"百分比"中勾选"行""列"和"总计"复选框,最后单击交叉表中的"确定"按钮,如图 3.27 所示。

运行分析结果中可见,如表 3.10 所示缺失数据有 13 个,交叉表分析中,只对有效数据进行统计分析。

图 3.25

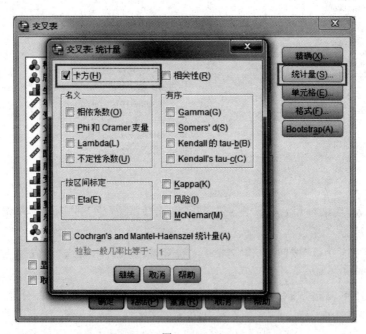

图 3.26

第三章 商业数据分析之描述性统计分析

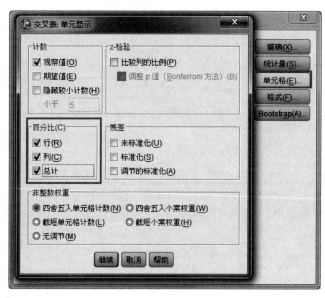

图 3.27

表 3.10

变量名	有效的		缺失		合计	
	N	百分比(%)	N	百分比(%)	N	百分比(%)
性别 * 幸福感	1 504	99.1	13	0.9	1 517	100.0

表 3.11 中受访者中,认为比较幸福的最多,相对程度来看,生活幸福的受访者女性比例高于男性。分性别来看,男性中非常幸福和比较幸福的分别占男性比例为 32.5% 和 59.1%,女性中非常幸福和比较幸福分别占女性的 30% 和 57.2%。

表 3.11

性别 * 幸福感交叉			幸福感			合计
			非常幸福	比较幸福	不太幸福	
性别	男	计数	206	374	53	633
		性别中的(%)	32.5	59.1	8.4	100.0
		幸福感中的(%)	44.1	42.9	32.1	42.1
		总数的(%)	13.7	24.9	3.5	42.1
	女	计数	261	498	112	871
		性别中的(%)	30.0	57.2	12.9	100.0
		幸福感中的(%)	55.9	57.1	67.9	57.9
		总数的(%)	17.4	33.1	7.4	57.9
合计		计数	467	872	165	1 504
		性别中的(%)	31.1	58.0	11.0	100.0
		幸福感中的(%)	100.0	100.0	100.0	100.0
		总数的(%)	31.1	58.0	11.0	100.0

卡方检验结果显著均小于 0.05,如表 3.12 所示,说明男性和女性的幸福感有明显差异。

表 3.12

项目	值	df	渐进 Sig.(双侧)
Pearson 卡方	7.739	2	0.021
似然比	7.936	2	0.019
线性和线性组合	4.812	1	0.028
有效案例数	1 504		

通过分性别来看幸福的频数分析直方图(条形图)(图 3.28),可见各个程度的比例和性别间对比。

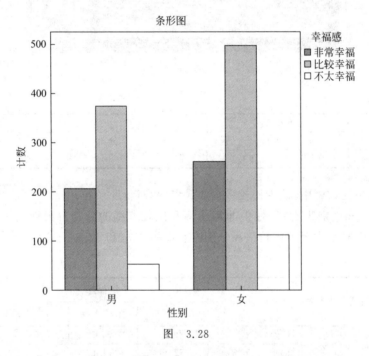

图 3.28

第四节 多重响应交叉表分析

调查问卷中通常会存在一定数量的多项选择题。多项选择题可以在 SPSS 中做成多个内容相同的变量,这些变量称为多选变量。对多选变量进行分析时,一般希望知道某些选项在第一选、第二选或第三选中分别有多少人选,这个问题要通过多选变量分析来解决,利用 SPSS 实现"二分法"编码多选题的一维频率分析。

第三章 商业数据分析之描述性统计分析

【案例 3.4】 我们继续利用关于幸福感问卷调查数据,尝试对里面的健康情况(最近 6 个月内碰到健康问题多选题)进行多重响应分析。

打开案例 3.4 的数据后,如图 3.29 所示依次打开"分析"—"多重响应"—"定义变量集"菜单,打开定义多重响应变量集的对话框。

图 3.29

在打开的"定义多重响应集"对话框中,从左侧的源变量框中选择"hlth1"~"hlth9"共九个变量,选入"集合中的变量"框中,如图 3.30 所示。由于要分析的多选变量采用"二分法"编码"1"表示"是",因此在"将变量编码为"框中单击"二分法"单选按钮,并在"计数值"框中输入"1"。在"名称"框中输入"健康集合"作为新定义的多选变量集的名称,系统会自动在该名称前添加字符。单击"添加"按钮,将新定义的多选变量集"健康集合"添加到"多响应集"框中。单击"关闭"按钮,定义了一个名为"健康集合"的多选变量集。但需要注意的是该多选变量集并不出现在数据窗口中。

如图 3.31 所示单击"分析"—"多重响应"—"频率"菜单项,打开频率对话框。

如图 3.32 所示,打开"多响应频率"对话框将从左侧的"多响应集"框中选择"健康问题"进入右侧的"表格"框中。单击"确定"按钮,提交运行。

图 3.30

图 3.31

第三章 商业数据分析之描述性统计分析

图 3.32

从运行结果可见表 3.13，此次调查了 1 517 名受访者，其中有 714 名对"健康问题"多选题进行了回答，也就是说，有 714 人在最近 6 个月内碰到健康问题，约占总调查人数的 47.1%。

表 3.13

项 目	有效的		缺失		总计	
	N	百分比(%)	N	百分比(%)	N	百分比(%)
健康集合	714	47.1	803	52.9	1 517	100.0

表 3.14 是 SPSS 格式的多选题一维频率分布表，其中，"N"是每个选项被选择的次数，各选项回答人数与"总计"对应的 1 108 是总回答次数；响应"百分比"是以总回答次数为分母，这里是 1 108，各选项回答人数为分子所对应的百分比。而"个案百分比"是反应该多选题有回答项数，总回答项数是 714。由于每个人都可以做多项选择"个案百分比"之和超过 100%，这里是 155.2%，意思是对该多选题有回答的受访者平均选择了 1.552 项。所以"个案百分比"要大于响应"百分比"。撰写调查报告时，一般需要的是多选题一维频率分布表中的选项、每个选项被选择的次数，各选项回答人数和响应 N 和个案百分比。

表 3.14

选 项	响应		个案百分比(%)
	N	百分比(%)	
病得很厉害需要去看医生	559	50.5	78.3
需要咨询一些心理问题	58	5.2	8.1
无生育能力	35	3.2	4.9
酗酒	17	1.5	2.4

续表

选项	响应		个案百分比(%)
	N	百分比(%)	
药物上瘾	30	2.7	4.2
配偶生病住院	73	6.6	10.2
小孩生病住院	78	7.0	10.9
孩子有酗酒的毛病	28	2.5	3.9
有亲密的朋友过世了	230	20.8	32.2
合计	1 108	100.0	155.2

如图3.33所示继续单击"分析"—"多重响应"—"交叉表"菜单项,打开多响应交叉表。

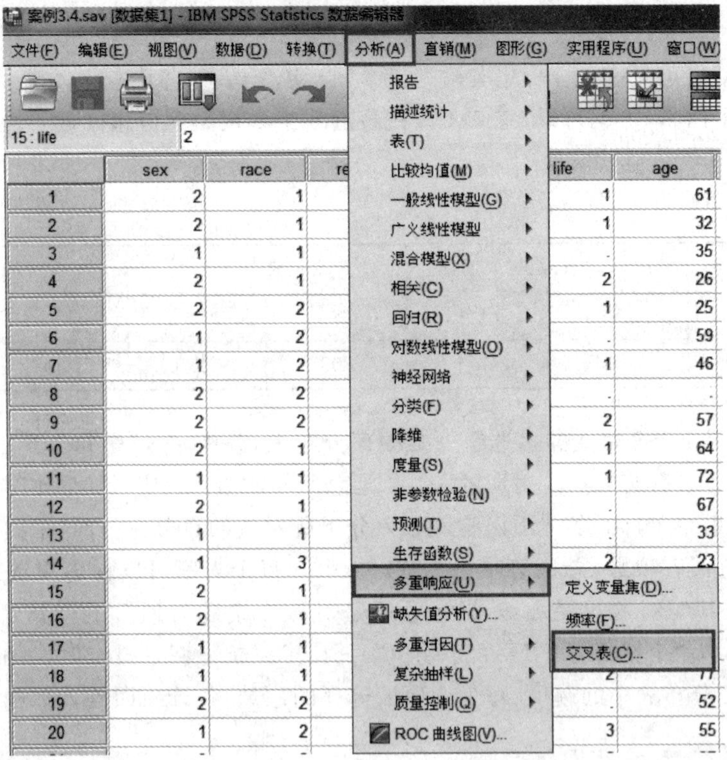

图 3.33

如图3.34所示,在"多响应交叉表"对话框中,从左侧的源变量框中选择"性别"进入"行"框中,从"多响应集"框中选择"健康集合"进入"列"框中。虽然"多响应交叉表"对话框中的行、列变量可以互换,但一般将受访者的基本信息,如性别、种族、居住地区,放在"行"框中。在"行"框中选中"sex(??)"后,单击"定义范围"按钮,打开如图3.35所示的"多响应交叉表定义变量范围"对话框。在"最小值"框中输入最小编码值"1",表示男性;

在"最大"框中输入要显示最大编码值"2",表示女性。

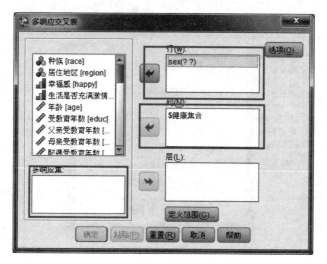

图 3.34

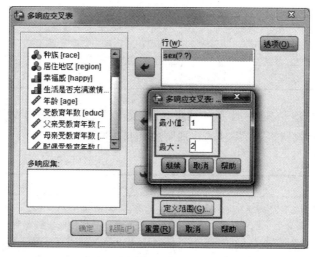

图 3.35

单击右上角的"选项"按钮,打开如图 3.36 所示的"多响应交叉表:选项"对话框。在"单元格百分比"框中,选中"行",在"百分比基于"框中保留默认的"个案"。单击"继续"按钮,返回。

单击"确定"按钮,提交运行。在"输出"窗口中输出如表 3.15 和表 3.16 所示的交叉表分析结果是"性别 * 健康问题"交叉表分析的统计概要,表中的内容是:有效数据个数(受访者对性别和健康问题同时有作答)为 714 个。缺失数据个数为 803 个。由于"性别"没有缺失值,所以有 803 人对"健康问题"多选题没有作答。

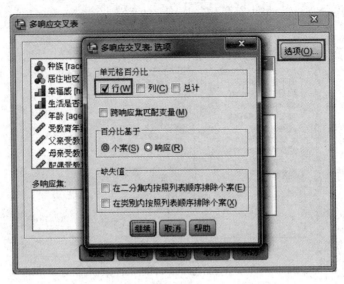

图 3.36

表 3.15

项目	有效的		缺失		总计	
	N	百分比(%)	N	百分比(%)	N	百分比(%)
性别 * 健康集合	714	47.1	803	52.9	1 517	100.0

表 3.16 是 SPSS 格式的"性别 * 健康问题"交叉表，从中可知男女受访者对健康问题多选题各选项的有效回答人数和按"性别"分组的有效百分比。

表 3.16

项目			健康集合								总计
			病得很厉害需要去看医生	需要咨询一些心理问题	无生育能力	酗酒	吸毒(大麻可卡因)	配偶生病住院	小孩生病住院	孩子有吸毒、酗酒的毛病	有亲密的朋友过世了	
性别	男	计数	185	18	9	9	23	37	25	6	99	256
		占比(%)	72.3	7.0	3.5	3.5	9.0	14.5	9.8	2.3	38.7	
	女	计数	374	40	26	8	7	36	53	22	131	458
		占比(%)	81.7	8.7	5.7	1.7	1.5	7.9	11.6	4.8	28.6	
总计		计数	559	58	35	17	30	73	78	28	230	714

✓ 动手试一试

1. 将您的调查数据导入 SPSS 并进行描述性分析。
2. 对居民生活状况调查数据中各个变量利用 SPSS 进行交叉分析并撰写报告。

【扩展阅读】

课题研究报告写作的一些方法技巧

【即测即练】

第四章 商业数据分析之参数检验

参数检验是推断统计的重要组成部分，推断统计方法是根据样本数据推断总体特征的方法，它在对样本数据描述的基础上，以概率的形式对统计总体的未知数量特征（如均值、方差等）进行表述。例如，要坚持安全第一、预防为主，建立大安全大应急框架，完善公共安全体系，推动公共安全治理模式向事前预防转型。推进安全生产风险专项整治，加强重点行业、重点领域安全监管。提高防灾减灾救灾和重大突发公共事件处置保障能力，加强国家区域应急力量建设。强化食品药品安全监管，健全生物安全监管预警防控体系。这里的食品药品安全只能通过对样本数据的研究来推断总体特征。主要出于以下两大原因。第一，总体数据无法全部收集到。例如，产品质量的检测问题，如评估某种灯泡的使用寿命，或者要检验某种食品某成分的含量等。对这类问题的研究，人们往往无法对所有产品做实验，只能采用抽样技术，从总体中随机抽取一部分样品（样本）进行检测，进而推断总体特征。第二，在某些情况下虽然总体数据能够收集到，但操作时将会耗费大量的人力、物力和财力。例如，研究某小学一年级学生一学期的平均课外作业时间，或者研究"十一"黄金周市民的度假旅游费用等。对这类问题的研究，虽然理论上可以获得总体数据，但如此大规模的调查和数据采集工作，必然需要大量的投入。实际研究中为节约开销往往也采用抽样技术，对小部分人群进行随机调查获取数据，并以此推断总体的情况。利用样本数据对总体特征的推断通常在以下两种情况下进行。第一，总体分布已知（如总体为正态分布）的情况下，根据样本数据对总体分布的统计参数（如均值、方差等）进行推断。此时，总体的分布形式是给定的或是假定的，只是一些参数的取值或范围未知，分析的主要目的是估计参数的取值范围，或对其进行某种统计检验。例如，正态总体的均值是否与某个值存在显著差异，两个总体的均值是否有显著差异等。这类统计推断问题通常采用参数检验的方法来分析，它不仅能够对总体特征参数进行推断，而且能够对两个或多个总体的总体参数进行比较。第二，总体分布未知的情况下，根据样本数据对总体的分布形式或特征进行推断。事实上在大多数情况下，人们事前很难对总体的分布做出较为准确的假设，或者无法保证样本数据来自所假设的总体，或者由于数据类型所限使其不符合假定分布的要求等。尽管如此，人们仍然希望探索出数据中隐含的规律，此时通常采用的统计推断方法是非参数检验的方法。

依据假设检验的基本思想，假设检验可以总结成以下四大基本步骤。

(1) 提出原假设（记为 H0）和备择假设（记为 H1），即根据推断检验的目标，对待推断的总体参数或分布提出一个基本假设，即原假设与原假设完全对应的假设为备择假设，通常，将希望证实和支持的假设放在备择假设上，将希望推翻的假设放在原假设上。

(2) 选择检验统计量，在假设检验中，在原假设成立的条件下，样本值（或更极端值）发生的概率是通过计算检验统计量观测值发生的概率间接得到的。这些检验统计量服从或近似服从某种已知的理论分布。对于不同的假设检验问题以及不同的总体条件，会有不同的选择检验统计量的理论、方法和策略，这是统计学家研究的课题。应用中只需要依据实际，明确问题，遵循理论套用即可。

(3) 计算检验统计量观测值发生的概率，选定检验统计量之后，在认为原假设成立的条件下，利用样本数据便可计算出检验统计量观测值发生的概率，即概率 P 值或称为相伴概率（即在 $H0$ 成立时该检验统计量在某个特定的极端区域取值的概率），该概率值间接地给出了样本值（或更极端值）在原假设成立条件下发生的概率。对此，可以依据一定的标准来判定其发生的概率是否为小概率，其是否为一个小概率事件。

(4) 给定显著性水平 α，并做出统计决策。显著性水平 α 是指原假设正确但却被错误地拒绝的概率或风险，一般人为确定为 0.05 或 0.01 等，意味着拒绝原假设不犯错误的把握程度（概率）为 95% 或 99%。事实上，虽然小概率原理告诉我们，小概率事件在一次实验中是几乎不会发生的，但这并不意味着小概率事件就一定不发生。由于抽样的随机性，在一次实验中观察到小概率事件的可能性是存在的，如果遵循小概率原理而拒绝了原本正确的原假设，该错误发生的概率便是 α。得到检验统计量的概率 P 值后的决策就是要判定应拒绝原假设还是不应拒绝原假设。如果检验统计量的概率 P 值小于显著性水平 α，则认为如果此时拒绝原假设犯错误的可能性小于显著性水平 α，其概率低于预先控制的水平，不太可能犯错误，可以拒绝原假设；反之，如果检验统计量的概率 P 值大于显著性水平 α，则认为如果此时拒绝原假设犯错误的可能性大于显著性水平 α，其概率比预先控制的水平高，很有可能犯错误，不应拒绝原假设。从另一个角度讲，得到检验统计量的概率 P 值后的决策就是要判定：这个事件是一个小概率事件，还是一个非小概率事件。由于显著性水平 α 是在原假设成立时检验统计量值落在某个极端区域的概率值，因此如果 α 等于 0.05（或 0.01），则认为：如果原假设是成立的，那么检验统计量值落到某个极端区域的概率是 0.05（或 0.01），它是我们预期中的小概率。当检验统计量的概率 P 值小于显著性水平 α 时，则认为如果原假设是成立的，检验统计量的观测值（或更极端值）发生是一个概率比预期的小概率事件更小的事件，由小概率原理推断它原本是不可能发生的，它的发生是原假设不成立导致的，应拒绝原假设；反之，当检验统计量的概率 P 值大于 α 时，则认为如果原假设是成立的，检验统计量的观测值（或更极端值）发生相对预期的小概率事件来说是一个非小概率事件，它的发生是极有可能的，没有充足的理由说明原假设不成立，不应拒绝原假设。

总之，通过上述四步便可完成假设检验。在利用 SPSS 进行假设检验时，应明确第一步中假设检验的原假设，第二步和第三步是 SPSS 自动完成的，第四步的决策需要人工判定，即人为确定显著性水平 α，并与检验统计量的概率 P 值相比较进而做出决策。参数检验作为假设检验的重要组成内容，也需要经过上述四大基本步骤。

第一节 单样本 T 检验

单样本 T 检验的利用小概率反证法来验证某总体的样本数据,通过 T 检验来对样本均值和总体均值进行比较,推断该总体的均值是否与指定的检验值存在显著差异,它是对总体均值的假设检验。

单样本 T 检验操作实例

【**案例 4.1**】 从某连锁衣服品牌店 5 年前的顾客数据发现顾客平均体重是 66.6kg,最近又抽查测量了 50 名顾客的体重,存在案例 4.1 数据文件中,试用单样本 T 检验来判断该顾客群体的体重相比 5 年前是否有显著差异。

打开案例 4.1 的数据后,依次单击"分析"—"比较均值"—"单样本 T 检验"菜单项,打开"单样本 T 检验"对话框,如图 4.1 所示。

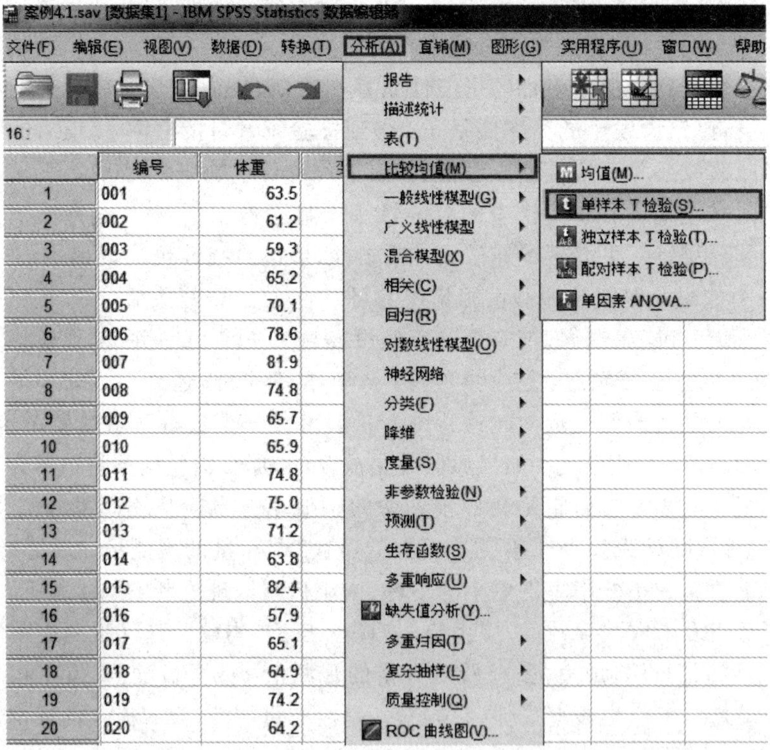

图 4.1

在"单样本 T 检验"对话框中,选择左侧的"体重"到"检验变量"中,并在"检验值"中输入"66.6"(原假设中的检验值),最后单击"确定"按钮运行,如图 4.2 所示。

结果分析,如表 4.1 所示,可以看到以下信息,参与分析的样本共有 50 个,样本平均值 67.33,标准差 7.366 4,均值的标准误为 1.041 8。

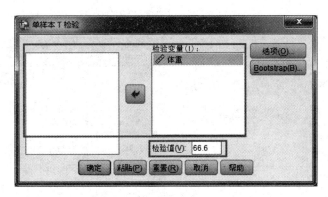

图 4.2

表 4.1

项目	N	均值	标准差	均值的标准误
体重	50	67.330	7.366 4	1.041 8

单样本 T 检验结果如表 4.2 所示，t 统计量是 0.701，df(自由度)是 49，显著性置信水平 0.487，大于 0.05，说明体重和五年前并无显著性差别。

表 4.2

项目	单样本 T 检验值＝66.6					
	t	df	Sig.(双侧)	均值差值	差分的 95％置信区间	
					下限	上限
体重	0.701	49	0.487	0.730 0	−1.364	2.824

第二节　独立样本 T 检验

两独立样本 T 检验的目的是利用来自两个总体的独立样本，推断两个总体的均值是否存在显著差异。

单样本 T 检验操作实例

【**案例 4.2**】 两个连锁门店各有 40 名店面销售人员，案例 4.2 的数据为两个门店某月的销售人员销售情况，试用独立样本 T 检验来研究两个门店销售人员销售业绩是否有明显差别。

打开案例 4.2 数据后，依次单击"分析"—"比较均值"—"独立样本 T 检验"菜单项，打开"独立样本 T 检验"对话框。

如图 4.4 所示在"独立样本 T 检验"对话框中，从左边选择店员业绩到右边检验变量，选"门店(??)"到分组变量中，然后单击"定义组"按钮，打开"定义组"对话框如图 4.5

所示,分别在组1中输入1,组2中输入2,单击"继续"按钮,再单击"确定"按钮开始运行。

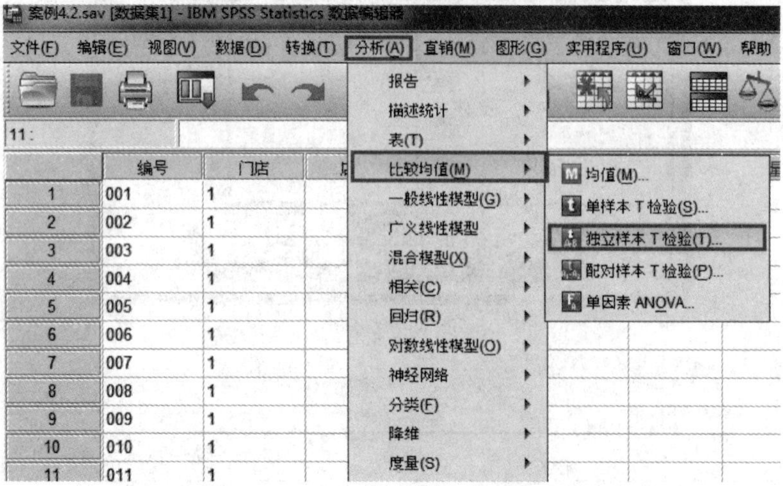

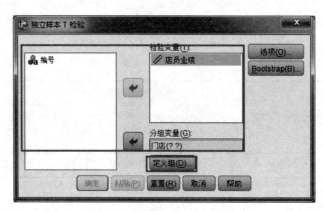

图 4.3

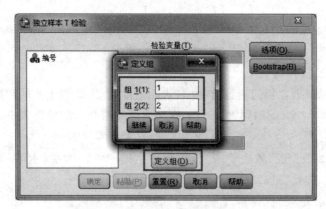

图 4.4

图 4.5

运行结果分析,从表 4.3 可得两家门店都是 40 个样本,均值分别为 119.98 和 132.6,标准差为 12.238 和 11.329,均值的标准误为 1.949 和 1.791。

表 4.3

统计量	门店	N	均值	标准差	均值的标准误
店员业绩	甲	40	119.98	12.328	1.949
	乙	40	132.60	11.329	1.791

从表 4.4 可得 F 统计量为 0.668 对应的显著性置信水平是 0.416,大于 0.05 说明两样本方差之间没有显著差别。T 检验结果,t 统计量是 -4.789,自由度是 78,显著性为 0.000,小于 0.05,所以两个门店店员的销售业绩之间存在明显差异。

表 4.4

项目		方差方程的 Levene 检验		均值方程的 T 检验						
		F	Sig.	t	df	Sig.（双侧）	均值差值	标准误差值	差分的 95% 置信区间	
									下限	上限
店员业绩	假设方差相等	0.668	0.416	-4.769	78	0.000	-12.625	2.647	-17.895	-7.355
	假设方差不相等			-4.769	77.450	0.000	-12.625	2.647	-17.896	-7.354

第三节 配对样本 T 检验

配对样本 T 检验的目的是利用来自两个总体的配对样本,推断两个总体的均值是否存在显著差异。配对样本 T 检验与独立样本 T 检验的差别之一是要求样本是相关的。所谓配对样本,可以是个案在"前""后"两种状态下某属性的两种不同特征,也可以是对某事物两个不同侧面的描述。

例如,为分析两种不同促销形式对商品销售额是否产生显著影响,需要分别收集任意几种商品在不同促销形式下的销售额数据。为保证研究结果的准确性,也应采用相关的抽样方式,即随机选取几种商品,并分别记录它们在两种不同促销方式下的销售额,这样的两个样本是相关的。

配对样本 T 检验操作实例

【案例 4.3】 为了解促销手段对商品销售额的影响,抽取了两个月 20 天分别采用了和未采用促销手段的商场销售额,用配对样本 T 检验方法分析该促销手段能否对商场的销售额产生影响。

打开案例 4.3 数据,如图 4.6 所示依次单击"分析"—"比较均值"—"配对样本 T 检验"菜单项,打开"配对样本 T 检验"对话框。

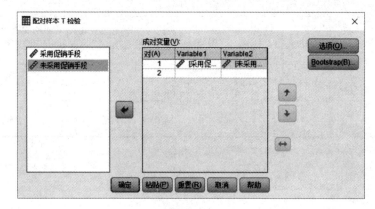

图 4.6

如图4.7所示在左侧列表框中依次拖住"采用促销手段"的销售额和"未采用促销手段"的销售额到右边成对变量"变量1'和'变量2"中,单击"确定"按钮运行。

图 4.7

运行结果分析,如表4.5所示统计量为采用促销手段和未采用促销手段的均值为74.645和73.900,个案数均为20,标准差分别为9.317和6.9027,均值的标准误分别为2.0834和1.5435。

表 4.5

成对样本统计量	均值	N	标准差	均值的标准误
采用促销手段销售额	74.645	20	9.3172	2.0834
未采用促销手段销售额	73.900	20	6.9027	1.5435

表4.6为成对样本相关系数为0.965,非常高。

表 4.6

成对样本统计量	N	相关系数	Sig.
采用后销售额 & 采用前销售额	20	0.965	0.000

表4.7为成本样本检验结果表,可以发现 t 统计量为 1.035,自由度为 19,显著性置信水平为 0.314,大于 0.05,说明该促销手段对于销售额影响并不明显。

表 4.7

成对样本检验	成对差分					t	df	Sig.(双侧)
	均值	标准差	均值的标准误	差分的95%置信区间				
				下限	上限			
采用后销售额—采用前销售额	0.745 0	3.219 8	0.720 0	−0.761 9	2.251 9	1.035	19	0.314

✓ 动手试一试

1. 针对甲乙两个门店被抽取的员工绩效成绩,试用独立样本 T 检验来研究两个门店销售人员销售业绩是否有明显差别。

2. 某连锁衣服品牌店 5 年前的顾客数据发现顾客平均身高是 170 厘米,最近又抽查测量了 50 名顾客身高,试用单样本 T 检验来判断该顾客群体的身高相比 5 年前是否有显著差异。

3. 某门店员工绩效成绩做独立样本 T 检验,研究不同性别员工之间成绩有无明显差别。

【扩展阅读】

数据分析、机器学习、深度学习、人工智能都是什么

【即测即练】

自学自测　扫描此码

第五章　商业数据分析之方差分析

方差分析正是从观测变量的方差入手,研究诸多控制变量中哪些变量是对观测变量有显著影响的变量,对观测变量有显著影响的各个控制变量其不同水平及各水平的交互搭配是如何影响观测变量。

在农业、商业、医学、社会学、经济学等诸多领域的数量分析研究中,方差分析发挥了极为重要的作用。这种从数据差异入手的分析方法,有助于人们从另一个角度发现事物的内在规律。例如,我国在2022年打赢了人类历史上规模最大的脱贫攻坚战,全国832个贫困县全部摘帽,近1亿农村贫困人口实现脱贫。为了实现预定目标,在农作物种植过程中,低投入多产出是人们所期望的,研究人员需要对影响农作物产量的各种因素进行定量的对比研究,并在此基础上制定最佳的种植组合方案。为此,应首先找到影响农作物产量的各种因素,如品种、施肥量、地域特征等,不同影响因素对不同农作物的影响效果显然是不同的。对某种特定的农产品来说,有些影响因素的作用是明显的,而另一些则不显著。因此,找到众多影响因素中重要的和关键的影响因素是非常重要的,进一步在掌握了关键因素,如品种、施肥量等以后,还需要对不同的品种、不同的施肥量等进行对比分析,研究究竟哪个品种的产量高,施肥量究竟多少最合适,哪个品种与哪种施肥水平搭配最优等。

在这些分析研究的基础上,人们可以计算出各个种植组合方案的成本和收益,并选择最合理的种植方案,主动在农作物种植过程中对各种影响因素加以准确控制,进而获得最理想的效果。再如,在制定某商品广告宣传策略时,不同组合方案所获得的广告效果是不一样的。广告效果可能会受到广告形式、地区规模、选择的栏目、播放的时间段、播放的频率等因素的影响。人们需要研究在影响广告效果的众多因素中,哪些因素是主要的,它们是如何产生影响的,哪些因素的搭配是最合理的。上述问题的研究都可以通过方差分析实现,为了解方差分析的基本思路,应首先了解涉及的相关概念。在方差分析中,将上述问题中的农作物产量、广告效果等称为观测因素,或称为观测变量;将上述问题中的品种、施肥量、广告形式、地区规模、选择的栏目等影响因素称为控制因素,或称为控制变量;将控制变量的不同类别称为控制变量的不同水平。

方差分析认为观测变量值的变化受两类因素的影响:第一类是控制因素(控制变量)不同水平所产生的影响;第二类是随机因素(随机变量)所产生的影响。这里的随机因素是指那些人为很难控制的因素,主要是指试验过程中的抽样误差。方差分析认为:如果控制变量的不同水平对观测变量产生了显著影响,那么,它和随机变量共同作用必然使得观测变量值有显著变动;反之,如果控制变量的不同水平没有对观测变量产生显著影响,那么,观测变量值的变动就不会明显地表现出来,其变动可以归结为由随机变量的影响造成的。换句话说,如果观测变量值在某控制变量的各个水平下出现了明显波动,则认为该控制变量是影响观测变量的主要因素;反之,如果观测变量值在某控制变量的各个水平下没有出现明显波动,则认为该控制变量没有对观测变量产生重要影响,观测变量的数据波动是由抽样误差造成的。

那么如何判断控制变量的不同水平下观测变量值是否产生了明显波动呢?判断的原则是:如果控制变量各水平下观测变量总体的分布出现了显著差异,则认为观测变量值发生了明显的波动,意味着控制变量的不同水平对观测变量产生了显著影响;反之,如果控制变量各水平下观测变量总体的分布没有显著差异,则认为观测变量值没有发生明显波动,意味着控制变量的不同水平对观测变量没有产生显著影响。方差分析正是通过推断控制变量各水平下观测变量的总体分布是否有显著差异来实现其分析目标的。与此同时,方差分析对观测变量各总体的分布有以下两个基本假设前提:观测变量各总体应服从正态分布;观测变量各总体的方差应相同。

基于上述两个基本假设,方差分析对各总体分布是否有显著差异的推断就转化成对各总体均值是否存在显著差异的推断了。

总之,方差分析从对观测变量的方差分解入手,通过推断控制变量各水平下各观测变量总体的均值是否存在显著差异,分析控制变量是否给观测变量带来了显著影响,进而再对控制变量各个水平对观测变量影响的程度进行剖析。根据控制变量个数和类型可以将方差分析分成单因素方差分析、多因素方差分析和协方差分析,观测变量为多个的方差分析称为多元方差分析。

第一节 单因素方差分析

单因素方差分析用来研究一个控制变量的不同水平是否对观测变量产生了显著影响。这里,由于仅研究单个因素对观测变量的影响,因此称为单因素方差分析。

单样本 T 检验操作实例

【案例 5.1】 某连锁超市为了制定营销策略,收集了采用不同地区采用不同营销策略后的销售额数据,希望对营销策略和地区是否对销售额产生影响进行分析,数据存在"案例 5.1. sav"中。

单击"分析"—"比较均值"—"单因素 ANOVA"菜单项,出现如图 5.1 所示的窗口。

如图 5.2 所示选择观测变量到"因变量列表"框中。例如,这里为销售额。选择控制变量到"因子"框中,控制变量有几个不同的取值就表示有几个水平。例如,这里为效应模式。

如图 5.3 所示窗口中单击"选项"按钮,并勾选"描述性""方差同质性检验"和"Welch"复选框。

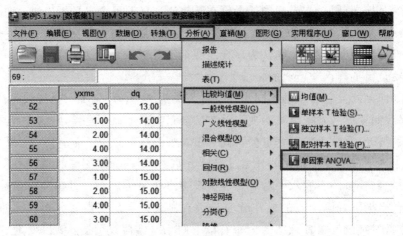

图 5.1

图 5.2

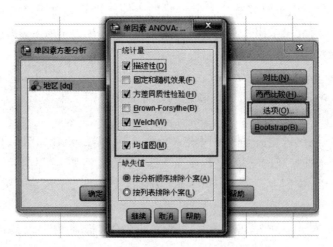

图 5.3

第五章 商业数据分析之方差分析

"方差同质性检验"选项表示进行方差齐性检验,还可以选择输出观测变量的基本描述统计量;"均值图"选项表示绘制各水平下观测变量均值的折线图;"缺失值"框中提供的两种缺失数据的处理方式,与单样本 T 检验中的相同。

然后单击两两比较,勾选 LSD、Bonferroni、Tukey、Scheffe、SNK 复选框后,单击"继续"按钮,如图 5.4 所示。

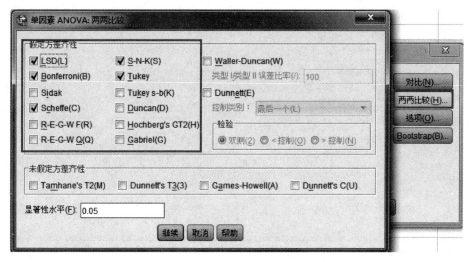

图 5.4

结果分析,表 5.1 为描述性分析,分别列出了新媒体、报纸、宣传片、体验的样本数、均值、标准差、标准误、置信区间、极小值和极大值。

表 5.1

销售额	N	均值	标准差	标准误	均值的95%置信区间		极小值	极大值
					下限	上限		
新媒体	36	73.222 2	9.733 92	1.622 32	69.928 7	76.515 7	54.00	94.00
报纸	36	70.888 9	12.967 60	2.161 27	66.501 3	75.276 5	33.00	100.00
宣传品	36	56.555 6	11.618 81	1.936 47	52.624 3	60.486 8	33.00	86.00
体验	36	66.611 1	13.497 68	2.249 61	62.044 2	71.178 1	37.00	87.00
总数	144	66.819 4	13.527 83	1.127 32	64.591 1	69.047 8	33.00	100.00

如图 5.5 所示,在四种不同模式下各有 36 个观测值,新媒体平均销售额最高,报纸与新媒体相似,宣传品效果最低,体验其次。

如表 5.2 所示,显著性置信水平为 0.515,远大于 0.05,可认为各组的方差大体相等无明显差异。

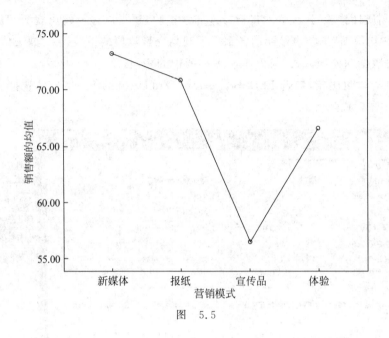

图 5.5

表 5.2

Levene 统计量	df1	df2	显著性
0.765	3	140	0.515

表 5.3 是营销模式对销售额影响的单因素方差分析结果,可以看到:观测变量销售额的离差平方总和为 26 169.306;如果仅考虑广告形式单个因素的影响,则销售额总变差中,不同广告形式可解释的变差为 5 866.083;抽样误差引起的变差为 20 303.222,组间方差和组内方差分别为 1 955.361 和 145.023,两者相除所得的 F 统计量的观测值为 13.483 对应的概率 P 值近似为 0。如果显著性水平 α 为 0.05,由于概率 P 值小于显著性水平 α,应拒绝原假设,认为不同广告形式对销售额的平均值产生了显著影响。

表 5.3

销售额			平方和	df	均方	F	显著性
组间	（组合）		5 866.083	3	1 955.361	13.483	0.000
	线性项	对比	2 101.250	1	2 101.250	14.489	0.000
		偏差	3 764.833	2	1 882.417	12.980	0.000
组内			20 303.222	140	145.023		
总数			26 169.306	143			

表 5.4 中分别显示了两两广告形式下销售额均值检验的结果。可以看出,尽管在理论上各种检验方法对抽样分布标准误的定义不同(检验统计量的分母部分),但在 SPSS 中却全部采用了 LSD 方法中的标准误差,因此各种方法的前两列数据完全相同。表中虽

然没有给出检验统计量的观测值，但它们也是相同的（都是第一列数据除以第二列数据）；表中的第三列是检验统计量观测值在不同分布中的概率 P 值，仔细观察便可发现各种方法在检验敏感度上的差异。以新媒体与其他三种广告形式的两两检验结果为例，如果显著性水平 α 为 0.05，在 LSD 方法中，报纸广告和广播广告的效果没有显著差异，与宣传品广告和体验广告均有显著差异，但在其他三种方法中，报纸广告只与宣传品广告有显著差异，而与体验广告无显著差异。由此可见，LSD 方法的检验敏感度是其中最高的。第一列中星号的含义是：在显著性水平 α 为 0.05（默认的）的情况下，概率 P 值小于 α，相应两组的均值存在显著差异，与第三列的结果相对应。

表 5.4

因变量	(I)营销模式	(J)营销模式	均值差(I-J)	标准误	显著性	95%置信区间	
						下限	上限
Tukey HSD	新媒体	报纸	2.333 33	2.838 46	0.844	−5.047 1	9.713 8
		宣传品	16.666 67*	2.838 46	0.000	9.286 2	24.047 1
		体验	6.611 11	2.838 46	0.096	−0.769 3	13.991 5
	报纸	新媒体	−2.333 33	2.838 46	0.844	−9.713 8	5.047 1
		宣传品	14.333 33*	2.838 46	0.000	6.952 9	21.713 8
		体验	4.277 78	2.838 46	0.436	−3.102 7	11.658 2
	宣传品	新媒体	−16.666 67*	2.838 46	0.000	−24.047 1	−9.286 2
		报纸	−14.333 33*	2.838 46	0.000	−21.713 8	−6.952 9
		体验	−1.055 56*	2.838 46	0.003	−17.436 0	−2.675 1
	体验	新媒体	−6.611 11	2.838 46	0.096	−13.991 5	0.769 3
		报纸	−4.277 78	2.838 46	0.436	−11.658 2	3.102 7
		宣传品	1.055 56*	2.838 46	0.003	2.675 1	17.436 0
Scheffe	新媒体	报纸	2.333 33	2.838 46	0.879	−5.698 9	10.365 6
		宣传品	16.666 67*	2.838 46	0.000	8.634 4	24.698 9
		体验	6.611 11	2.838 46	0.148	−1.421 2	14.643 4
	报纸	新媒体	−2.333 33	2.838 46	0.879	−10.365 6	5.698 9
		宣传品	14.333 33*	2.838 46	0.000	6.301 1	22.365 6
		体验	4.277 78	2.838 46	0.520	−3.754 5	12.310 0
	宣传品	新媒体	−16.666 67*	2.838 46	0.000	−24.698 9	−8.634 4
		报纸	−14.333 33*	2.838 46	0.000	−22.365 6	−6.301 1
		体验	−10.055 56*	2.838 46	0.007	−18.087 8	−2.023 3
	体验	新媒体	−6.611 11	2.838 46	0.148	−14.643 4	1.421 2
		报纸	−4.277 78	2.838 46	0.520	−12.310 0	3.754 5
		宣传品	10.055 56*	2.838 46	0.007	2.023 3	18.087 8

续表

因变量	(I)营销模式	(J)营销模式	均值差(I-J)	标准误	显著性	95%置信区间	
						下限	上限
LSD	新媒体	报纸	2.333 33	2.838 46	0.412	−3.278 4	7.945 1
		宣传品	16.666 67*	2.838 46	0.000	11.054 9	22.278 4
		体验	6.611 11*	2.838 46	0.021	.999 3	12.222 9
	报纸	新媒体	−2.333 33	2.838 46	0.412	−7.945 1	3.278 4
		宣传品	14.333 33*	2.838 46	0.000	8.721 6	19.945 1
		体验	4.277 78	2.838 46	0.134	−1.334 0	9.889 6
	宣传品	新媒体	−16.666 67*	2.838 46	0.000	−22.278 4	−11.054 9
		报纸	−14.333 33*	2.838 46	0.000	−19.945 1	−8.721 6
		体验	−10.055 56*	2.838 46	0.001	−15.667 3	−4.443 8
	体验	新媒体	−6.611 11*	2.838 46	0.021	−12.222 9	−0.999 3
		报纸	−4.277 78	2.838 46	0.134	−9.889 6	1.334 0
		宣传品	10.055 56*	2.838 46	0.001	4.443 8	15.667 3
Bonferroni	新媒体	报纸	2.333 33	2.838 46	1.000	−5.263 1	9.929 8
		宣传品	16.666 67*	2.838 46	0.000	9.070 2	24.263 1
		体验	6.611 11	2.838 46	0.128	−0.985 4	14.207 6
	报纸	新媒体	−2.333 33	2.838 46	1.000	−9.929 8	5.263 1
		宣传品	14.333 33*	2.838 46	0.000	6.736 9	21.929 8
		体验	4.277 78	2.838 46	0.804	−3.318 7	11.874 2
	宣传品	新媒体	−16.666 67*	2.838 46	0.000	−24.263 1	−9.070 2
		报纸	−14.333 33*	2.838 46	0.000	−21.929 8	−6.736 9
		体验	−10.055 56*	2.838 46	0.003	−17.652 0	−2.459 1
	体验	新媒体	−6.611 11	2.838 46	0.128	−14.207 6	0.985 4
		报纸	−4.277 78	2.838 46	0.804	−11.874 2	3.318 7
		宣传品	10.055 56*	2.838 46	0.003	2.459 1	17.652 0

　　表5.5中是由各种方法划分的相似性子集。可以看到表中三种方法划分的子集结果是一致的，在显著性水平 α 为 0.05（默认）的情况下，首先观察 SNK 方法的结果，均值为 56.555 6 的组（宣传品组）与其他三组的均值有显著不同（其相似的可能性小于 0.05），被划分出来，结果形成两个相似子集。在第一个子集中，组内相似（自身相似）的概率为 1，第二组组内相似的可能性大于 0.05，为 0.055。在 Tukey 和 Scheffe 方法中，第二组组内相似的可能性也均大于 0.05，分别为 0.096 和 0.148，Tukey 方法的敏感度高于 Scheffe 方法。通常在相似子集划分时多采用 SNK 方法的结论。总之，如果从获得高销售额的角度选择广告形式，不应采用宣传品的形式，可考虑在报纸、新媒体和体验中选择一种成本低或操作性强的广告形式。

表 5.5

项目	营销模式	N	alpha=0.05 的子集	
			1	2
Student-Newman-Keuls	宣传品	36	56.555 6	
	体验	36		66.611 1
	报纸	36		70.888 9
	新媒体	36		73.222 2
	显著性		1.000	0.055
Tukey HSD	宣传品	36	56.555 6	
	体验	36		66.611 1
	报纸	36		70.888 9
	新媒体	36		73.222 2
	显著性		1.000	0.096
Scheffe	宣传品	36	56.555 6	
	体验	36		66.611 1
	报纸	36		70.888 9
	新媒体	36		73.222 2
	显著性		1.000	0.148

✓动手实践

利用地区和销售额进行单因素方差分析。

第二节 多因素方差分析

多因素方差分析用来研究两个及两个以上控制变量是否对观测变量产生显著影响。这里，由于研究多个因素对观测变量的影响，因此称为多因素方差分析。多因素方差分析不仅能够分析多个因素对观测变量的独立影响，更能够分析多个控制因素的交互作用能否对观测变量的分布产生显著影响，进而找到利于观测变量的最优组合。

多因素方差分析操作实例

【**案例 5.2**】 某胶水企业测试两种胶水黏合度，分别进行了 10 次试验，请根据数据文件案例 5.2，考察胶水类型和胶后时间对黏合度是否有显著影响。

打开案例 5.2 数据，如图 5.6 所示依次单击"分析"—"一般线性模型"—"单变量"菜单项，打开"单变量"对话框。

如图 5.7 所示在"单变量"对话框中，从左边将"黏合度"选入"因变量"中，将"胶水类型"和"胶后时间"选入"固定因子"中。

如图 5.8 所示单击"绘制"按钮后，从左边因子中将"胶水类型"选入"水平轴"，"胶后时间"选入"单图"，然后单击"添加"按钮，在下方就会出现"胶水类型＊胶后时间"，单击"继续"按钮。

图 5.6

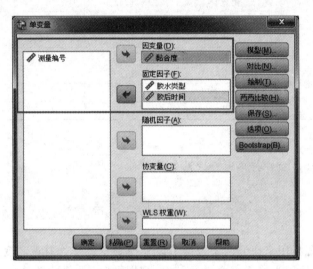

图 5.7

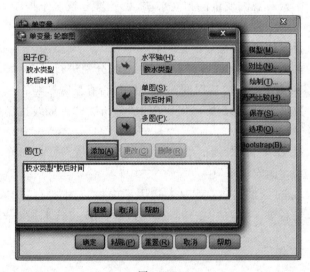

图 5.8

如图 5.9 所示，再单击"两两比较"按钮，打开"单变量：观测均值的两两比较"对话框，从左边因子选择"胶后时间"选项到"两两比较检验"中，然后在下方"假定方差齐性"中勾选"LSD(L)"复选框。

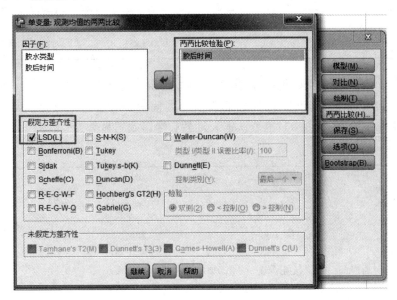

图　5.9

如图 5.10 所示，单击"选项"按钮打开单变量选项对话框，在左边选择"(overall)"到右边"显示均值"中，下方"输出"中勾选"方差齐性检验"复选框，单击"继续"按钮，最后单击"确定"按钮运行。

图　5.10

结果分析,表 5.6 显示 F 统计量为 1.219,自由度分别为 3 和 16,显著性置信水平为 0.335,远大于 0.05,即可认为各组样本方差大体相同。

表 5.6

F	df1	df2	Sig.
1.219	3	16	0.335

如表 5.7 所示,胶水类型和胶后时间显著性置信水平为 0.45＞0.05 和 0.012＜0.05,则可认定胶水类型对于黏和度影响不显著,而胶后时间对黏和度影响显著。两因素交合的显著性置信水平为 0.8＞0.05,也可认定为对黏和度影响不显著。

表 5.7

源	III 型平方和	df	均方	F	Sig.
校正模型	2 620.000	3	873.333	2.911	0.067
截距	27 380.000	1	27 380.000	91.267	0.000
胶水类型	180.000	1	180.000	0.600	0.450
胶后时间	2 420.000	1	2 420.000	8.067	0.012
胶水类型 * 胶后时间	20.000	1	20.000	0.067	0.800
误差	4 800.000	16	300.000		
总计	34 800.000	20			
校正的总计	7 420.000	19			

如图 5.11 所示可见两条线趋于平行不相交,所以两因素交互作用不显著。

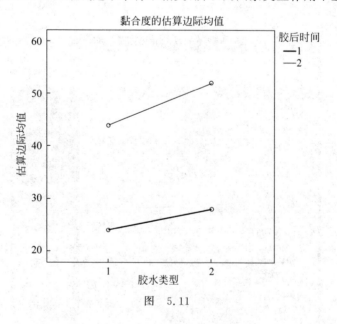

图 5.11

第三节 协方差分析

协方差分析将那些人为很难做水平控制的控制因素作为协变量,并在剔除协变量对观测变量影响的条件下,分析控制变量(可控)对观测变量的作用,从而更加准确地对水平可控因素进行评价。协方差分析仍然延续方差分析的基本思想,并且在分析观测变量变差时,考虑了协变量的影响,认为观测变量的变动受四个方面的影响,即控制变量的独立作用、控制变量的交互作用、协变量的作用及随机因素的作用,在剔除协变量的影响后,再分析控制变量对观测变量的影响。方差分析中的原假设是:协变量对观测变量的线性影响不显著;在剔除协变量影响的条件下,控制变量各水平下观测变量的总体均值无显著差异,控制变量各水平对观测变量的效应同时为 0。检验统计量仍然采用 F 统计量,它们是各方差与随机因素引起的方差的比。容易理解,如果相对于随机因素引起的变差,协变量带来的变差比例较大,即 F 值较大,则说明协变量是引起观测变量变动的主要因素之一,观测变量的变动可以部分地由协变量来线性解释;反之,如果相对于随机因素引起的变差,协变量带来的变差比例较小,即 F 值较小,则说明协变量没有给观测变量带来显著的线性影响。在剔除了协变量的线性影响后,控制变量对观测变量的影响分析同方差分析。

通过上面的讨论可以看到,不论是单因素方差分析还是多因素方差分析,控制因素(控制变量)都是水平可控的,其各个水平可以通过人为的努力得到控制和确定。但在实际问题中,有些控制因素很难进行人为的水平控制,而它们的状态(或取值)确实对观测变量产生了较为显著的影响。在方差分析中,如果忽略这些因素的存在而单纯分析其他因素对观测变量的影响,往往会夸大或缩小其他因素的影响作用,分析结论不准确。例如,在研究农作物产量问题时,如果仅考察不同施肥量、品种对农作物产量的影响,而不考虑不同地块差异(如地质评分)等因素就进行方差分析,显然是不全面的。因为事实上有些地块可能有利于农作物的生长,而另一些却不利于农作物的生长,不考虑这些因素进行分析可能会导致:即使不同的施肥量、不同品种对农作物产量没有产生显著影响,分析的结论也可能相反。再如,分析不同的饲料对生猪增重是否产生显著影响。如果单纯分析饲料的作用,而不考虑生猪各自不同的身体条件(如初始体重不同),那么得出的结论很可能是不准确的,因为体重增加的幅度在一定程度上是包含诸如初始体重等其他因素的影响的。因此,为更加准确地研究控制变量不同水平对观测变量的影响,应尽量剔除其他人为不可控水平的因素对分析结论的影响。例如,尽量剔除地块对农作物产量的影响,尽量剔除生猪初始体重对饲养后体重变化幅度的影响等,协方差分析正是这样一类方法。

那么,如何剔除协变量对观测变量的影响呢?在协方差分析中,作为协变量的变量一般是数值型变量,如地质评分、每头生猪的初始体重等,因此,协方差分析便涉及两种类型的控制变量(分类型和数值型)和数值型观测变量,其中,如果将控制变量看作解释变量,将观测变量看作被解释变量,那么协方差分析便是一种介于方差分析和线性回归分析之间的分析方法。于是可参照回归分析中对解释变量的处理方式来处理协变量。另外,协方差分析中通常要求多个协变量之间无交互作用,且控制变量各水平下的观测变量与协变量间有相似的线性关系。

单样本 T 检验操作实例

【**案例 5.3**】 某企业上市后开始对员工进行工资水平改善调查,请用协方差分析法分析员工岗位级别和企业上市对工资提高是否有显著影响。

打开案例 5.3 数据,如图 5.12 所示依次单击"分析"—"一般线性模型"—"单变量"菜单项,打开单变量对话框。

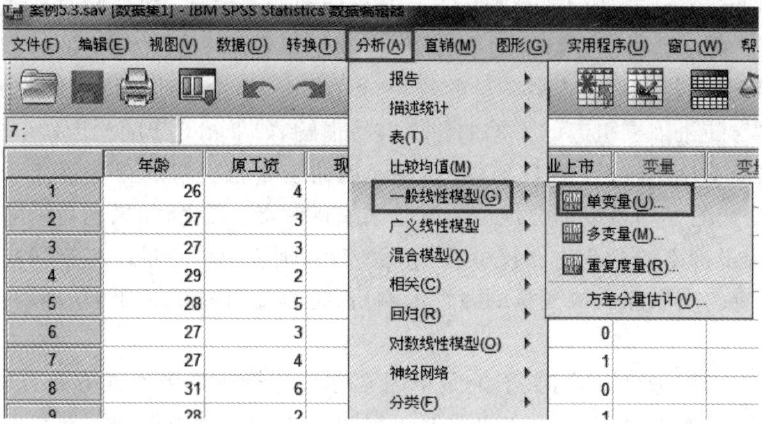

图 5.12

如图 5.13 所示,在左边选择"现工资"选项放到"因变量"中,选择"岗位级别"和"企业上市"选项放到"固定因子"中,选择"原工资"选项放在"协变量"中。

图 5.13

单击"绘制"按钮,选择"因子"中的"岗位级别"选项选入水平轴,选择"企业上市"选项选入单图中,单击"添加"按钮,"岗位级别 * 企业上市"就添加到了下方,如图 5.14 所示单击"继续"按钮。

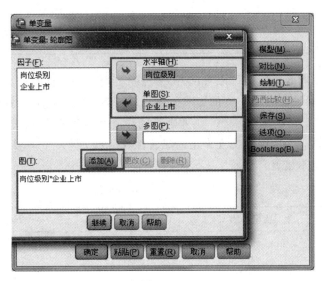

图 5.14

单击"选项"按钮后,在选项对话框中,将左边的"(OVERALL)"选到右边"显示均值"中,下方输出里勾选"方差齐性检验"复选框,如图 5.15 所示,单击"继续"按钮,最后单击"确定"按钮运行。

图 5.15

结果分析：从表 5.8 可得 F 统计量为 0.425，自由度分别为 5 和 24，显著性置信水平为 0.827 大于 0.05，因此可以认定各组样本所来自的总体的方差相同。

表 5.8

F	df1	df2	Sig.
0.425	5	24	0.827

从表 5.9 主体间效应检验可以看出，协变量原工资的显著性置信水平为 0.000，小于 0.05，可认定协变量原工资对工资的影响效果显著。岗位级别显著性置信水平为 0.997，大于 0.05，即其对工资影响不显著。企业上市的显著性置信水平为 0.029，小于 0.05，即认定对工资影响显著。两因素交互作用的显著性置信水平为 0.551，大于 0.05，则认定交互作用对工资影响不显著。

表 5.9

源	III 型平方和	df	均方	F	Sig.
校正模型	116.951	6	19.492	22.701	0.000
截距	21.994	1	21.994	25.614	0.000
原工资	105.101	1	105.101	122.403	0.000
岗位级别	0.005	2	0.003	0.003	0.997
企业上市	4.675	1	4.675	5.445	0.029
岗位级别 * 企业上市	1.049	2	0.525	0.611	0.551
误差	19.749	23	0.859		
总计	1 649.000	30			
校正的总计	136.700	29			

从图 5.16 同样可以看出两条线并无交叉，也说明了交互作用不显著。

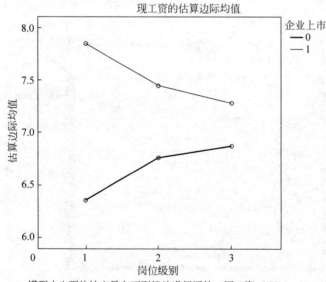

模型中出现的协变量在下列值处进行评估：原工资=4.87

图 5.16

第四节 多变量方差分析

多变量方差分析,可以检验影响因素或处理因素如何同时影响一组因变量的方法。多变量方差分析用来研究两个及两个以上控制变量是否对观测变量产生显著影响。这里,由于研究多个变量对观测变量的影响,因此称为多变量方差分析。多变量方差分析不仅能够分析多个变量对观测变量的独立影响,更能够分析多个控制因素的交互作用能否对观测变量的分布产生显著影响,进而找到利于观测变量的最优组合。例如,分析不同品种、不同施肥量对农作物产量的影响时,可将农作物产量作为观测变量,品种和施肥量作为控制变量,利用多因素方差分析方法,研究不同品种、不同施肥量是如何影响农作物产量的,并进一步研究哪个品种与哪种水平的施肥量是提高农作物产量的最优组合。

多变量方差分析操作实例

【案例 5.4】 某化妆品企业研发 3 种面膜,未测试产品效果,随机抽取一批顾客试用 3 种不同的面膜的效果,请比较面膜对男女的作用,分析面膜与性别是否存在交互作用。

打开案例 5.4 数据,如图 5.17 所示,依次单击"分析"—"一般线性模型"—"多变量"菜单项,打开多变量对话框。

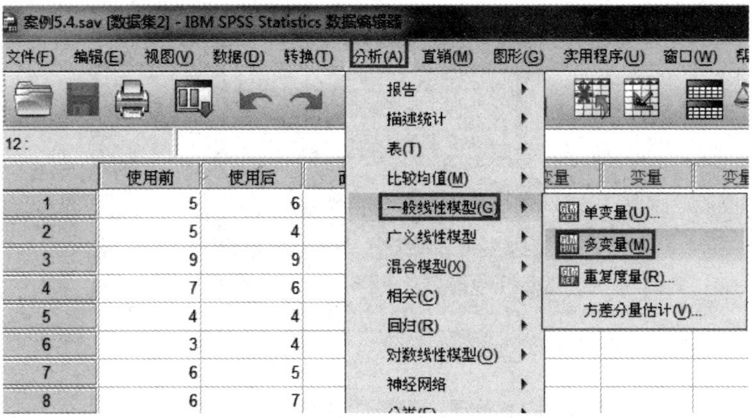

图 5.17

如图 5.18 所示,分别在左边选择"试用 1"和"试用 2"选项选入"因变量"中,选择"面膜"和"性别"选项选入"固定因子"中。

单击"对比"按钮,更改"对比"为"差值",单击"更改"按钮,如图 5.19 所示,单击"继续"按钮。

单击"绘制"按钮,如图 5.20 所示,分别选择"面膜"选项到"水平轴","性别"选项到"单图",单击"添加"按钮,进而出现"面膜 * 性别",单击"继续"按钮。

单击"两两比较"按钮,如图 5.21 所示,选择"面膜"选项到"两两比较检验"中,假定方差齐性中勾选"LSD"复选框,单击"继续"按钮。

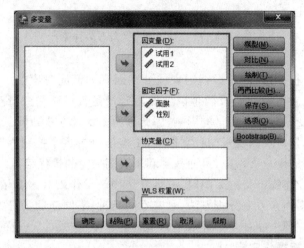

图 5.18

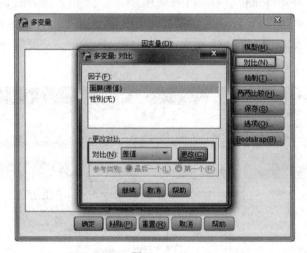

图 5.19

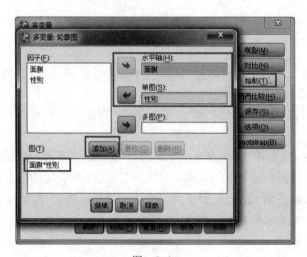

图 5.20

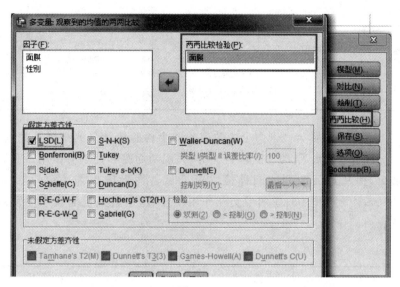

图 5.21

如图 5.22 所示,单击"选项"按钮,选择"(OVERALL)"选项到"显示均值"中,并在"输出"中勾选"方差齐性检验"复选框,单击"继续"按钮,最后单击"确定"按钮运行。

图 5.22

结果分析:从如表 5.10 所示的总均值表中可得出试用 1 和试用 2 的均值分别为 8.333 和 8.042,标准误差分别为 0.377 和 0.428,置信区间为 7.541～9.126 和 7.142～8.942。

表 5.10

因变量	均值	标准误差	95%置信区间	
			下限	上限
试用 1	8.333	0.377	7.541	9.126
试用 2	8.042	0.428	7.142	8.942

如表 5.11 所示,面膜与性别两个主效应的四个检验统计量的结果都相同,也就是显著置信水平分别为 0.000 和 0.013 都小于 0.05,说明面膜和性别对试用 1 和试用 2 两个指标影响显著,但从最后四列的四种检验可见显著性置信水平分别为 0.650、0.664、0.680 和 0.327,均大于 0.05,说明了交互作用不显著,也就是说面膜和性别对两个指标的影响不存在协同作用。

表 5.11

效应		值	F	假设 df	误差 df	Sig.
截距	Pillai 的跟踪	0.965	232.476	2.000	17.000	0.000
	Wilks 的 Lambda	0.035	232.476	2.000	17.000	0.000
	Hotelling 的跟踪	27.350	232.476	2.000	17.000	0.000
	Roy 的最大根	27.350	232.476	2.000	17.000	0.000
面膜	Pillai 的跟踪	0.980	8.655	4.000	36.000	0.000
	Wilks 的 Lambda	0.139	14.335	4.000	34.000	0.000
	Hotelling 的跟踪	5.358	21.432	4.000	32.000	0.000
	Roy 的最大根	5.193	46.734	2.000	18.000	0.000
性别	Pillai 的跟踪	0.397	5.606	2.000	17.000	0.013
	Wilks 的 Lambda	0.603	5.606	2.000	17.000	0.013
	Hotelling 的跟踪	0.660	5.606	2.000	17.000	0.013
	Roy 的最大根	0.660	5.606	2.000	17.000	0.013
面膜 * 性别	Pillai 的跟踪	0.129	0.622	4.000	36.000	0.650
	Wilks 的 Lambda	0.872	0.601	4.000	34.000	0.664
	Hotelling 的跟踪	0.145	0.579	4.000	32.000	0.680
	Roy 的最大根	0.132	1.192	2.000	18.000	0.327

如表 5.12 所示,该表分析了两个因变量在不同因素的差别,试用 1 在面膜和性别两个因素上 P 值为 0.000 和 0.004,均小于 0.05,即存在显著性差别。而疗效 2 只在面膜上的 P 值 0.000,小于 0.05,性别的 P 值为 0.056>0.05,说明面膜上有显著性差别。交互作用的 P 值为 0.629 和 0.893,大于 0.05,显著性不明显。

表 5.12

源	因变量	III 型平方和	df	均方	F	Sig.
校正模型	试用 1	331.833	5	66.367	19.424	0.000
	试用 2	161.708	5	32.342	7.346	0.001

续表

源	因变量	III 型平方和	df	均方	F	Sig.
截距	试用1	1 666.667	1	1 666.667	487.805	0.000
	试用2	1 552.042	1	1 552.042	352.514	0.000
面膜	试用1	291.083	2	145.542	42.598	0.000
	试用2	142.333	2	71.167	16.164	0.000
性别	试用1	37.500	1	37.500	10.976	0.004
	试用2	18.375	1	18.375	4.174	0.056
面膜 * 性别	试用1	3.250	2	1.625	0.476	0.629
	试用2	1.000	2	0.500	0.114	0.893
误差	试用1	61.500	18	3.417		
	试用2	79.250	18	4.403		
总计	试用1	2 060.000	24			
	试用2	1 793.000	24			
校正的总计	试用1	393.333	23			
	试用2	240.958	23			

从表 5.13 可看出，试用 1 和 2 在面膜 1 和 2 间没有显著性差异，因为 P 值分别为 0.595 和 0.170，大于 0.05，而在 1 与 3、2 与 3 之间有显著性差异。

表 5.13

因变量	(I)面膜	(J)面膜	均值差值(I-J)	标准误差	Sig.	95%置信区间 下限	95%置信区间 上限
试用1	1	2	−0.50	0.924	0.595	−2.44	1.44
		3	−7.63*	0.924	0.000	−9.57	−5.68
	2	1	0.50	0.924	0.595	−1.44	2.44
		3	−7.13*	0.924	0.000	−9.07	−5.18
	3	1	7.63*	0.924	0.000	5.68	9.57
		2	7.13*	0.924	0.000	5.18	9.07
试用2	1	2	−1.50	1.049	0.170	−3.70	0.70
		3	−5.75*	1.049	0.000	−7.95	−3.55
	2	1	1.50	1.049	0.170	−0.70	3.70
		3	−4.25*	1.049	0.001	−6.45	−2.05
	3	1	5.75*	1.049	0.000	3.55	7.95
		2	4.25*	1.049	0.001	2.05	6.45

从图 5.23 和图 5.24 也可得出面膜和性别交互作用不显著，两图都近似平行不相交。

✓动手试一试

1. 试用单因素方差分析检验 4 种包装对某饮品日总销售的影响是否相同。
2. 试用单因素方差分析两种包装和两种口味对某种饮品销售额(20 家门店一天的总销售额)的影响是否相同。

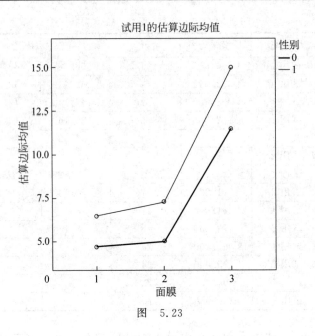

图 5.23

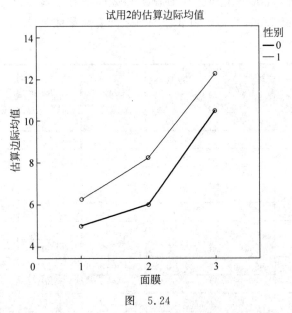

图 5.24

3. 某零售企业调查企业上市是否改善年轻员工工资水平,试分析岗位级别和是否上市对年轻员工工资提高是否有显著影响。

4. 试比较3种不同杀虫剂对蚊子和苍蝇的作用,并分析是否与杀虫剂与昆虫是否存在交互作用。

5. 某零售公司计划改进销售策略,随机选了3个市场,每个市场有4个网点,随机采用不同的两种销售策略,为期2个月,数据为策略实施前一个月的销售量和实施后两个月的销售量,试分析哪种方案更有效。

【扩展阅读】

带你了解概率分布

【即测即练】

第六章 商业数据分析之非参数检验

非参数检验是统计分析方法的重要组成部分,它与参数检验共同构成统计推断的基本内容。参数检验是在总体分布形式已知的情况下,对总体分布的参数如均值、方差等进行推断的方法。但是,在数据分析过程中,由于种种原因,人们往往无法对总体分布形态做简单假定,但又希望能从样本出发估计出总体的尽可能多的信息,此时参数检验的方法就不再适用了。非参数检验正是基于这种考虑,在总体分布未知或知道甚少的情况下,利用样本数据对总体分布形态等进行推断的一类方法。由于非参数检验方法不涉及有关总体分布的参数,因而得名"非参数"检验。例如,党的二十大报告中指出:"中国愿加大对全球发展合作的资源投入,致力于缩小南北差距,坚定支持和帮助广大发展中国家加快发展。"南北之间的差距如何计量呢?样本之间的差异除了通过参数来衡量,还可以通过非参数检验来进行判断。

SPSS 单样本非参数检验是对单个总体的分布类型等进行推断的方法,其中包括卡方检验、二项分布检验、K-S 检验及变量值随机性检验等方法。

第一节 单样本的非参检验

得到一批样本数据以后,往往希望了解样本来自的总体的分布是否与某个已知的理论分布相吻合,可以通过绘制样本数据的直方图、PP 图、QQ 图等方法做粗略判断,还可以利用非参数检验的方法。卡方检验方法可以根据样本数据,推断总体分布与期望分布或某一理论分布是否存在显著差异,是一种吻合性检验,通常适用于对有多个分类值的总体分布的分析。它的原假设 H_0 是样本来自的总体分布与期望分布或某一理论分布无显著差异。

一、卡方检验

卡方检验基本思想的理论依据是:如果从一个随机变量 X 中随机抽取若干个观测,这些观测落在 X 的 k 个互不相交的子集中的观测频数服从一个多项分布,这个多项分布当 k 趋于无穷时近似服从卡方分布。基于这一思想,对变量 X 总体分布的检验就可从对各个观测频数的分析入手。

卡方检验操作实例

【案例 6.1】 某门店随机抽取调查记录了 100 名顾客的性别情况,试用卡方检验方法研究该门店顾客的男女比例是否存在明显差别。

如图 6.1 所示打开案例 6.1 数据后,依次单击"分析"—"非参数检验"—"旧对话框"—"卡方"菜单项,打开卡方检验对话框。

如图 6.2 所示选择"性别"选项到"检验变量列表"。

第六章 商业数据分析之非参数检验

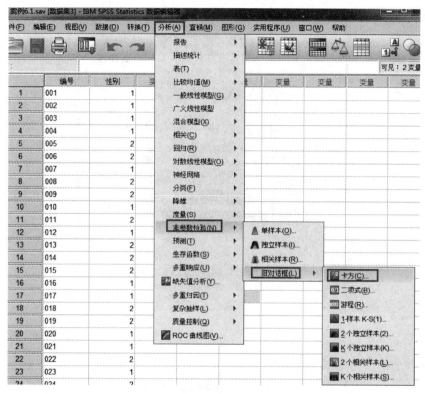

图 6.1

图 6.2

如图 6.3 所示单击"选项"按钮,勾选"统计量"中的"描述性"复选项,单击"继续"按钮,最后单击"确定"按钮运行。

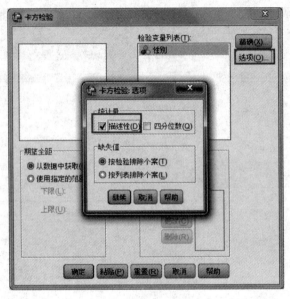

图 6.3

结果分析:从表6.1可得描述性统计量分别为一共100个样本数、均值1.49、标准差0.502、极小值1和极大值2。

表 6.1 描述性统计量

项目	N	均值	标准差	极小值	极大值
性别	100	1.49	0.502	1	2

从表6.2可见参与检验的男性顾客有51个,女性顾客有49个,残差分别为1和−1。

表 6.2 性　　别

性别	观察数	期望数	残差
男	51	50.0	1.0
女	49	50.0	−1.0
总数	100		

从表6.3可见,卡方值为0.04,自由度为1,显著性置信水平为0.841远大于0.05。可见该门店顾客性别没有显著性差异。

表 6.3 检验统计量表

项　目	性　　别
卡方	0.040[a]
df	1
渐近显著性	0.841

a. 0个单元(0.0%)具有小于5的期望频率,单元最小期望频率为50.0。

二、二项检验

在现实生活中有很多变量的取值是二值的。例如，人群可以分成男性和女性，产品可以分成合格和不合格，学生可以分成三好学生和非三好学生，抛硬币实验的结果可以分成出现正面和反面等。通常将这样的二值分别用 0 和 1 表示。如果进行 n 次相同的实验，则出现两类（0 或 1）的次数可以用离散型随机变量来描述。如果随机变量值为 1 代表"成功"，其概率设为 p，则随机变量值为 0 的概率 q 便等于 $1-p$，多次独立实验成功次数变量 X 的分布为二项分布。

SPSS 的二项分布检验正是要通过样本数据检验样本来自的总体是否服从指定的概率为 p 的二项分布，其原假设 $H0$ 是：样本来自的总体与指定的二项分布无显著差异。

二项分布检验操作实例

【**案例 6.2**】 某连锁超市目前全国平均到店购买率在 86%，随机抽取某门店 200 名顾客的购买与否情况的数据，请用二项分布分析是否低于全国平均概率。

打开案例 6.2 数据，依次打开"分析"—"非参数检验"—"旧对话框"—"二项式"菜单项，打开二项式检验对话框。

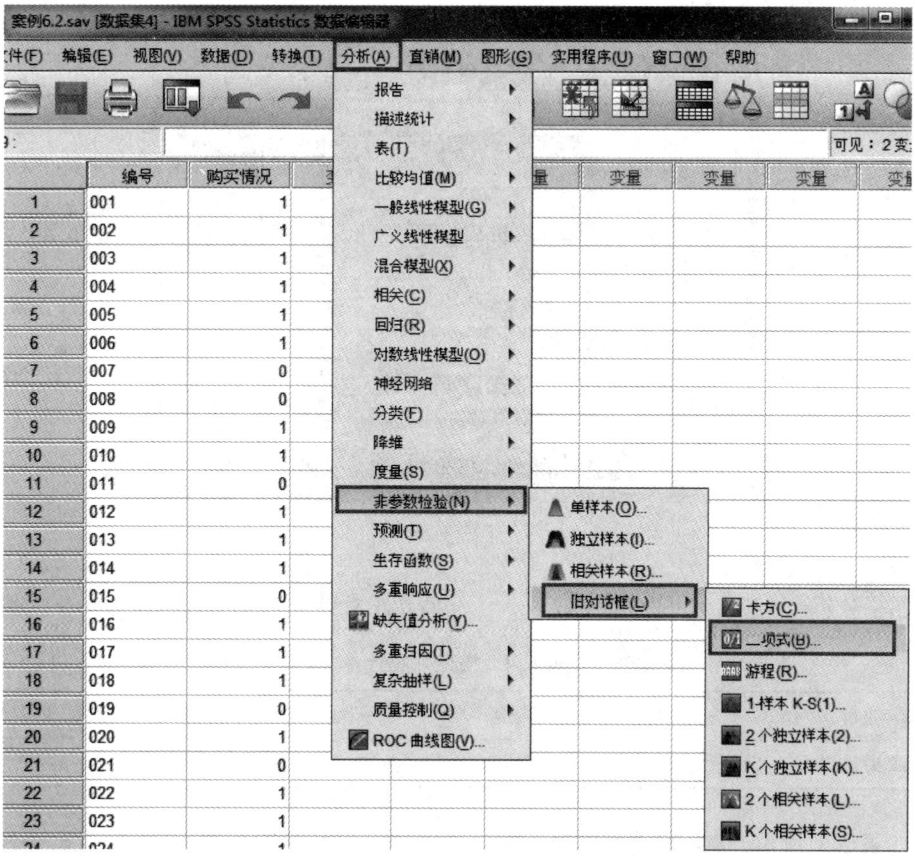

图 6.4

如图 6.5 所示,从左边选择"购买情况"选项到右边"检验变量列表",检验比例设为 0.86。

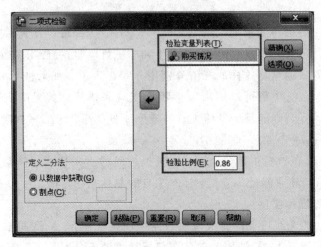

图 6.5

如图 6.6 所示单击"选项"按钮,勾选"统计量"中的"描述性"复选项,然后单击"继续"按钮,最后单击"确定"按钮。

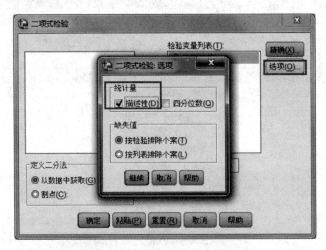

图 6.6

结果分析:从表 6.4 可得,样本数为 200,均值 0.6,标准差 0.492,极小值为 0,极大值为 1。

表 6.4 描述性统计量

项目	N	均值	标准差	极小值	极大值
购买情况	200	0.60	0.492	0	1

如表 6.5 所示,购买的样本数为 119,不购买为 81,比例分别 0.6 和 0.4,显著性置信水平为 0.000,所以可以认定购买率小于 0.86。

表 6.5 二项式检验

项目	类别	N	观察比例	检验比例	精确显著性(单侧)
购买情况	组 1 购买	119	0.60	0.86	0.000
	组 2 不购买	81	0.41		
	总数	200	1.00		

三、单样本 K-S 检验

K-S 检验是以俄罗斯数学家柯尔莫哥洛夫(Kolmogorov)和斯米诺夫(Smirnov)的名字命名的一种非参数检验方法。该方法能够利用样本数据推断样本来自的总体是否服从某一理论分布，是一种拟合优度的检验方法，适用于探索连续型随机变量的分布。

单样本 K-S 检验操作实例

【案例 6.3】 借用第三章服装店顾客身高数据，利用 K-S 检验其是否正态分布。

如图 6.7 所示打开案例 6.3 的数据，依次单击"非参数检验"—"旧对话框"—"1 样本 K-S"菜单项，打开"单样本 Kolmogorov-Smirnov 检验"对话框。

图 6.7

如图 6.8 所示,将左边的"身高"选入"检验变量列表",并在"检验分布"中勾选"常规"复选框。

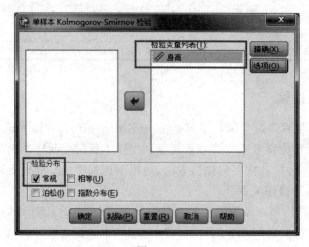

图 6.8

如图 6.9 所示单击"选项"按钮,勾选"统计量"中的"描述性"复选框,单击"继续"按钮,最后单击"确定"按钮运行。

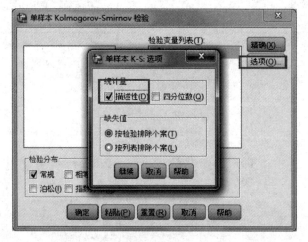

图 6.9

结果分析:如表 6.6 所示,样本有 50 个,均值 169.72,标准差 6.993,极小值 154,极大值 181。

表 6.6

项目	N	均值	标准差	极小值	极大值
身高	50	169.72	6.993	154	181

如表 6.7 所示，Kolmogorov-Smirnov Z（简称 KSZ）为 1.2，显著性置信水平为 0.112，大于 0.05。所以身高符合正态分布。

表　6.7

KSZ 检验项目		身　　高
N		50
正态参数	均值	169.72
	标准差	6.993
最极端差别	绝对值	0.170
	正	0.078
	负	−0.170
Kolmogorov-Smirnov Z		1.200
渐近显著性（双侧）		0.112

第二节　两独立样本的非参数检验

两独立样本的非参数检验是在对总体分布不甚了解的情况下，通过对两个独立样本的分析推断样本来自的两总体的分布是否存在显著差异的方法。独立样本是指在从一个总体中随机抽样对在另一个总体中随机抽样没有影响的情况下所获得的样本。SPSS 中提供了多种两独立样本的非参数检验方法，其中包括曼 惠特尼检验、K-S 检验、游程检验、极端反应检验等。

单样本 T 检验操作实例

【案例 6.4】　某灯泡企业对其两种工艺下灯泡使用寿命进行测试，请用两个独立样本检验两种工艺的使用寿命是否存在显著差异。

如图 6.10 所示打开案例 6.4 数据，依次单击"分析"—"非参数检验"—"2 个独立样本"菜单项，打开 2 个独立样本对话框。

如图 6.11 所示在两个独立样本检验对话框中，从左边选择"使用寿命"选项到"检验变量列表"，选择"工艺"选项到"分组变量"中，"检验类型"勾选全部的复选框。

如图 6.12 所示单击"定义组"按钮，在"组 1"中输入 1，"组 2"中输入 2，单击"继续"按钮。

如图 6.13 所示，单击"选项"按钮，在"选项"对话框中，勾选"描述性"复选框。

结果分析：从表 6.8 和表 6.9 中可得出两种工艺 24 个样本，两个秩和分别为 134 和 166。

*案例6.4.sav [数据集2] - IBM SPSS Statistics 数据编辑器
分析(A)
报告
描述统计
表(T)
比较均值(M)
一般线性模型(G)
广义线性模型
混合模型(X)
相关(C)
回归(R)
对数线性模型(O)
神经网络
分类(F)
降维
度量(S)
非参数检验(N)
预测(T)
生存函数(S)
多重响应(U)
缺失值分析(Y)...
多重归因(T)
复杂抽样(L)
质量控制(Q)
ROC 曲线图(V)...
单样本(O)...
独立样本(I)...
相关样本(R)...
旧对话框(L)
卡方(C)...
二项式(B)...
游程(R)...
1-样本 K-S(1)...
2 个独立样本(2)...
K 个独立样本(K)...
2 个相关样本(L)...
K 个相关样本(S)...

图 6.10

两个独立样本检验
检验变量列表(T):
使用寿命
精确(X)...
选项(O)...
分组变量(G):
工艺(? ?)
定义组(D)...
检验类型
Mann-Whitney U
Kolmogorov-Smirnov Z
Moses 极限反应(S)
Wald-Wolfowitz 游程(W)
确定
粘贴(P)
重置(R)
取消
帮助

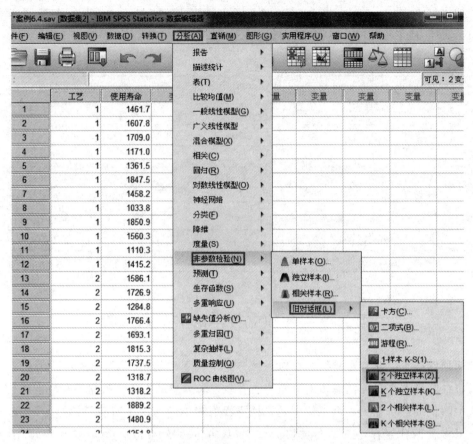

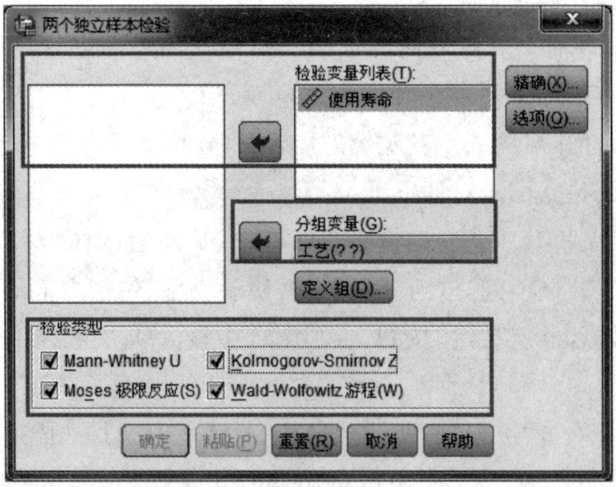

图 6.11

第六章 商业数据分析之非参数检验

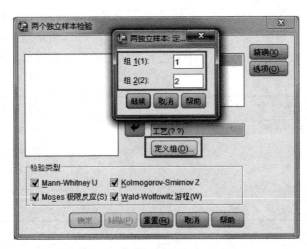

图 6.12

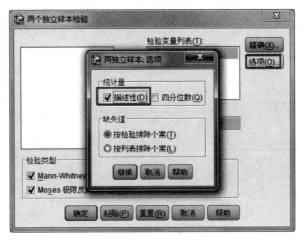

图 6.13

表 6.8

项目	N	均值	标准差	极小值	极大值
使用寿命	24	1.50	0.511	1	2

表 6.9

项目	工艺	N	秩均值	秩和
使用寿命	1	12	11.17	134.00
	2	12	13.83	166.00
	总数	24		

表 6.10 为 Mann-Whitney 检验,U 和 Z 统计量分别为 56,-0.924。由于是小样本,因此采用 U 统计量的精确概率。如果显著性水平 α 为 0.05,由于概率 P 值大于显著性水平 α,因此应接受原假设,认为 1、2 两种工艺下产品使用寿命的分布不存在显著差异。

表 6.10

检验统计量	使用寿命
Mann-Whitney U	56.000
Wilcoxon W	134.000
Z	-0.924
渐近显著性(双侧)	0.356
精确显著性[2*(单侧显著性)]	0.378

表 6.11 和表 6.12 为 Moses 检验,同样可见显著性置信水平均大于 0.05,因此应接受原假设,认为 1、2 两种工艺下产品使用寿命的分布不存在显著差异。

表 6.11 频 率

项 目	工艺	N
使用寿命	1(控制)	12
	2(试验)	12
	总数	24

表 6.12

项 目		使用寿命
控制组观察跨度	数量	23
	显著性(单侧)	0.761
修整的控制组跨度	数量	21
	显著性(单侧)	0.953
从每个末端修整的离群者		1

表 6.13 和表 6.14 为双样本 K-S 检验,同样可见显著性置信水平均大于 0.05,因此应接受原假设,认为 1、2 两种工艺下产品使用寿命的分布不存在显著差异。

表 6.13

项 目	工 艺	N
使用寿命	1	12
	2	12
	总数	24

表 6.14

项　　目		使用寿命
最极端差别	绝对值	0.250
	正	0.250
	负	−0.083
Kolmogorov-Smirnov Z		0.612
渐近显著性（双侧）		0.847

双样本 Wald-Wolfowitz 检验如表 6.15 和表 6.16 所示，同样可见显著性置信水平均大于 0.05，因此应接受原假设，认为 1、2 两种工艺下产品使用寿命的分布不存在显著差异。

表 6.15　频　　率

项　　目	工　艺	N
使用寿命	1	12
	2	12
	总数	24

表 6.16

检验统计量		Runs 数	Z	精确显著性（单侧）
使用寿命	精确的 Runs 数	12	−0.209	0.421

第三节　多独立样本的非参数检验

多独立样本的非参数检验是通过分析多组独立样本数据，推断样本来自的多个总体的中位数或分布是否存在显著差异，多独立样本是指按独立抽样方式获得的多组样本。SPSS 提供的多独立样本的非参数检验方法主要包括中位数检验、Kruskal Wallis 检验、Jonckheere Terpstra 检验。

多独立样本的非参数检验操作实例

【案例 6.5】　某连锁企业对其四个门店员工绩效进行分析，请用多个独立样本检验这些门店员工表现是否存在显著差异。

如图 6.14 所示打开案例 6.5 数据，依次单击"分析"—"多参数检验"—"旧对话框"—"K 个独立样本"菜单项，打开多个独立样本检验对话框。

如图 6.15 所示，从左边选择"分数"选项进入"检验变量列表"，"门店"选项选入"分组变量"。

如图 6.16 所示，单击"定义范围"按钮，分别在"最小值"输入 1，"最大值"输入 4，单击"继续"按钮。

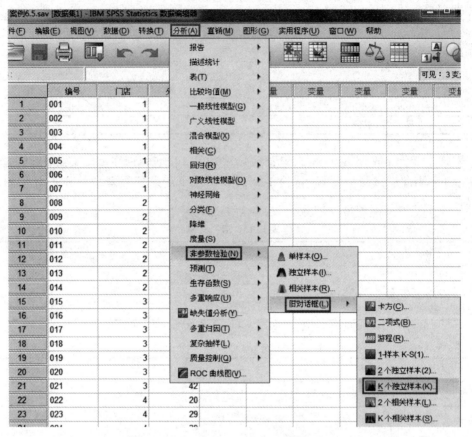

图 6.14

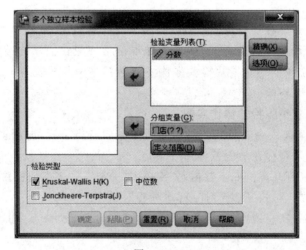

图 6.15

图 6.16

如图 6.17 所示,单击"选项"按钮,在对话框中勾选"描述性"复选框,单击"继续"按钮,最后单击"确定"按钮运行。

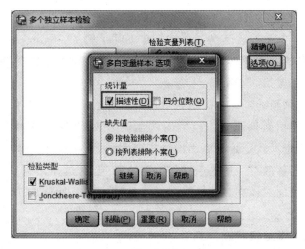

图 6.17

结果分析,如表 6.17 所示可见常用的统计量数值。

表 6.17

项目	N	均值	标准差	极小值	极大值
分数	28	58.29	23.974	15	94
门店	28	2.50	1.139	1	4

Kruskal-Wallis 检验如表 6.18 和表 6.19 所示,卡方值为 24.681,自由度为 3,显著性置信水平为 0.000,远小于 0.05,故拒绝原假设,认为这些门店员工表现存在显著差异。

表 6.18

项目	门店	N	秩均值
分数	甲门店	7	24.79
	乙门店	7	18.21
	丙门店	7	10.71
	丁门店	7	4.29
	总数	28	

表 6.19

检验统计量	分数
卡方	24.681
df	3
渐近显著性	0.000

第四节　两相关样本的非参数检验

两相关样本的非参数检验是在对总体分布不甚了解的情况下,通过对两相关样本的分析,推断样本来自的两个总体的分布是否存在显著差异的方法。SPSS 两相关样本的非参数检验方法主要包括 McNemar 检验、符号检验、Wilcoxon 符号秩检验等。

例如,要检验一种新的训练方法是否对提高跳远运动员的成绩有显著效果,可以收集一批跳远运动员在使用新训练方法前后的跳远最好成绩,这样的两个样本便是相关的。再例如,分析不同广告形式是否对商品的销售产生显著影响,可以比较几种不同商品在不同广告形式下的销售额数据(其他条件保持基本稳定)。这里不同广告形式下的若干组商品销售额样本便是配对样本,可见,配对样本的样本量是相同的,且各样本值的先后次序不能随意更改。

两配对样本的非参数检验操作实例

【案例 6.6】 某减肥茶企业测试新产品效果,选取了 15 名顾客进行试验试用两配对样本检验方法判断该产品效果。

如图 6.18 所示,打开案例 6.6 数据,依次打开"分析"—"非参数检验"—"旧对话框"—"2 个相关样本"菜单。

两个关联样本检验对话框如图 6.19 所示,分别拖拽试用前体重和试用后体重到 variable1 和 variable2 中,在下方检验类型中勾选"Wilcoxon"和"符合检验"。

单击"选项"按钮如图 6.20 所示勾选"描述性"复选框。单击"继续"按钮,最后单击"确定"按钮运行。

第六章 商业数据分析之非参数检验

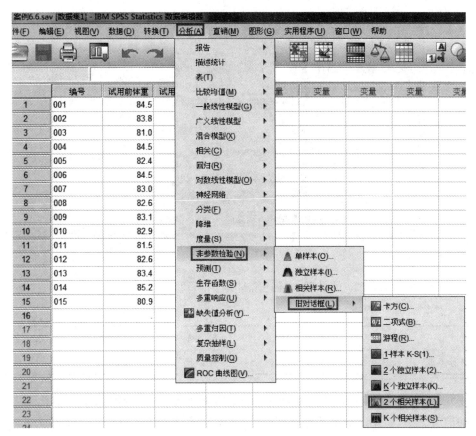

图 6.18

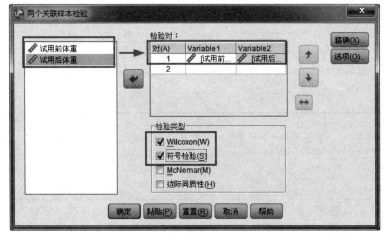

图 6.19

图 6.20

结果分析：从表 6.20 可见基本描述统计量。

表 6.20

统计量	N	均值	标准差	极小值	极大值
试用前体重	15	82.940	1.1945	81.0	84.6

表 6.21 为 Wilcoxon 带符号秩检验，一共 15 对变量参与了检验，试用前比试用后体重增加的有 8 对，试用后比试用前体重减少的有 7 对，秩均值分别为 8.31 和 7.64，秩和为 66.5 和 53.5。

表 6.21

变量	秩	N	秩均值	秩和
试用后体重-试用前体重	负秩	8	8.31	66.50
	正秩	7	7.64	53.50
	结	0		
	总数	15		

如表 6.22 所示，显著性置信水平为 0.712，远大于 0.05，说明试用前后体重变化不显著。

表 6.22

检验统计量	试用后体重-试用前体重
Z	−0.370
渐近显著性(双侧)	0.712

符号检验结果如表 6.23 和表 6.24 所示,显著性置信水平为 1,远大于 0.05,说明试用前后体重变化不显著。

表 6.23

统计量	频率	N
试用后体重-试用前体重	负差分	8
	正差分	7
	结	0
	总数	15

表 6.24

检验统计量	试用后体重-试用前体重
精确显著性(双侧)	1.000

第五节　多配对样本的非参数检验

多配对样本的非参数检验是通过分析多个配对样本数据,推断样本来自的多个总体的中位数或分布是否存在显著差异的方法。例如,收集乘客对多家航空公司是否满意的数据,分析航空公司的服务水平是否存在显著差异;收集不同促销形式下若干种商品的销售额数据,分析比较不同促销形式的效果;收集多名评委对同一批歌手比赛打分的数据,分析评委的打分标准是否一致。

多配对样本的非参数检验操作实例

【案例 6.7】　某超市开展针对市面流行的 8 种洗衣粉的去污效果评价活动,随机选取了 10 名顾客,并把 8 种洗衣粉交给他们试用,一段时间以后让顾客对试用 8 种洗衣粉进行打分(最差 0 分,最好 10 分),请用多配对样本非参数检验方法判断顾客对这 8 种洗衣粉评价是否一致。

如图 6.21 所示,打开案例 6.7 数据,依次打开"分析"—"非参数检验"—"旧对话框"—"K 个相关样本"菜单。

如图 6.22 所示,选择"洗衣粉 1"~"洗衣粉 8"选项均选入"检验变量"中。

单击"统计量"按钮,如图 6.23 所示,勾选"描述性"复选框。单击"继续"按钮,最后单击"确定"按钮运行。

结果分析:表 6.25 为每种洗衣粉统计量数据。

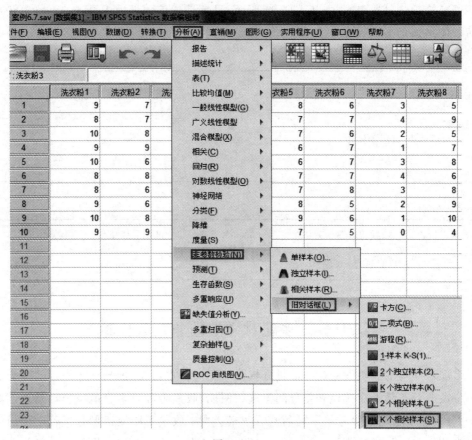

图 6.21

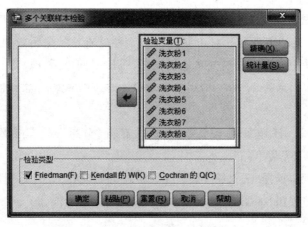

图 6.22

第六章 商业数据分析之非参数检验

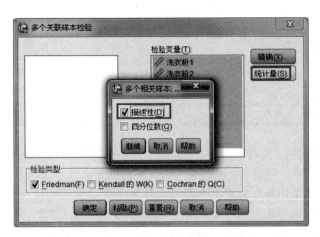

图 6.23

表 6.25 描述性统计量

统计量	N	均值	标准差	极小值	极大值
洗衣粉 1	10	9.00	0.816	8	10
洗衣粉 2	10	7.40	1.174	6	9
洗衣粉 3	10	2.70	1.636	0	5
洗衣粉 4	10	8.90	0.994	7	10
洗衣粉 5	10	7.20	0.919	6	9
洗衣粉 6	10	6.40	0.966	5	8
洗衣粉 7	10	2.30	1.337	0	4
洗衣粉 8	10	7.10	2.025	4	10

表 6.26 和表 6.27 为 Friedman 检验结果，表 6.26 为每种洗衣粉的秩均值，表 6.27 为检验统计量表，卡方值为 52.996，自由度为 7，渐近显著性为 0.000，小于 0.05。所以顾客对 8 种洗衣粉评价不一致。

表 6.26 秩

统计量	秩均值
洗衣粉 1	7.05
洗衣粉 2	5.05
洗衣粉 3	1.55
洗衣粉 4	6.90
洗衣粉 5	4.70
洗衣粉 6	4.20
洗衣粉 7	1.50
洗衣粉 8	5.05

表 6.27

检验统计量	值
N	10
卡方	52.996
df	7
渐近显著性	0.000

✓ 动手试一试

1. 试用卡方检验该地区 20 岁以上保健品购买与否是否存在明显差别。
2. 试用两个独立样本检验判断东西两个区域年降雨量是否存在明显差别。
3. 试用两个关联样本检验判断减肥茶能否引起体重的明显变化。
4. 试用多个独立样本检验判断四家门店员工绩效成绩是否存在明显差别。
5. 某连锁超市调查 8 种饮料消费者喜爱程度,随机选了 10 名顾客试饮并打分(最不喜欢 0～10 最喜欢),试用多个关联样本检验消费者对 8 种饮料评价是否存在显著差别。
6. 试用 K-S 检验判断 50 名顾客的身高是否服从正态分布。

【扩展阅读】

德国坦克数量与贝叶斯概率

【即测即练】

自学自测　扫描此码

第七章　商业数据分析之相关与回归分析

　　相关分析是分析客观事物之间关系的数量分析方法，明确客观事物之间有怎样的关系对理解和运用相关分析是极为重要的。客观事物之间的关系大致可归纳为两大类，即函数关系和统计关系。相关分析是用来分析事物之间统计关系的方法。例如，党的二十大报告指出："大自然是人类赖以生存发展的基本条件。尊重自然、顺应自然、保护自然，是全面建设社会主义现代化国家的内在要求。必须牢固树立和践行绿水青山就是金山银山的理念，站在人与自然和谐共生的高度谋划发展。""我们要推进美丽中国建设，坚持山水林田湖草沙一体化保护和系统治理，统筹产业结构调整、污染治理、生态保护、应对气候变化，协同推进降碳、减污、扩绿、增长，推进生态优先、节约集约、绿色低碳发展。"足以可见，降碳减污与绿色发展具有明显的相关性。那么如何用数值分析方法来衡量这种相关性呢？

　　所谓函数关系，指的是两事物之间的一种一一对应的关系，即当一个变量 x 取一定值时，另一变量 y 可以以确定的函数取唯一确定的值。例如，商品的销售额与销售量之间的关系，在单价确定时，给出销售量可以唯一地确定销售额，销售额与销售量之间是一一对应的关系，且这一关系可由 $y=px$（y 表示销售额；p 表示单价；x 表示销售量）这个数学函数式精确地描述出来。客观世界中这样的函数关系有很多，如圆面积和圆半径、出租车费和行程公里数之间的关系等。

　　相关系数以数值的方式精确地反映了两个变量间线性相关的强弱程度。利用相关系数进行变量间线性关系的分析通常需要完成以下两大步骤。第一，计算样本相关系数 r。利用样本数据计算样本相关系数。样本相关系数反映了两变量间线性相关程度的强弱。对不同类型的变量应采用不同的相关系数指标，但它们的取值范围和含义都是相同的，即相关系数 r 的取值在 $-1\sim 1$ 之间。$r>1$ 表示两变量存在正的线性相关关系；$r<1$ 表示两变量存在负的线性相关关系。$r=1$ 表示两变量存在完全正相关关系；$r=-1$ 表示两变量存在完全负相关关系；$r=0$ 表示两变量不存在线性相关关系。$|r|>0.8$ 表示两变量之间具有较强的线性相关关系；$|r|<0.3$ 表示两变量之间的线性相关关系较弱。

　　第二，对样本来自的两总体是否存在显著的线性关系进行推断。由于存在抽样的随机性和样本量较少等原因，通常样本相关系数不能直接用来说明样本来自的两总体是否具有显著的线性相关关系，需要通过假设检验的方式对样本来自的总体是否存在显著的线性相关关系进行统计推断。基本步骤包括以下几点。

- 提出原假设 $H0$，即两总体无显著线性关系，存在零相关。
- 选择检验统计量。对不同类型的变量应采用不同的相关系数，相应也应采用不同的检验统计量。具体内容见后面的讨论。
- 计算检验统计量的观测值和对应的概率 P 值。
- 决策,如果检验统计量的概率 P 值小于给定的显著性水平 α,则应拒绝原假设,认为两总体存在显著的线性关系;反之,如果检验统计量的概率 P 值大于给定的显著性水平 α,则不能拒绝原假设,可以认为两总体存在零相关。

回归分析是一种应用极为广泛的数量分析方法。它用于分析事物之间的统计关系,侧重考察变量之间的数量变化规律,并通过回归方程的形式描述和反映这种关系,帮助人们准确把握变量受其他一个或多个变量影响的程度,进而为预测提供科学依据。

"回归"一词是一名统计学家在研究父亲身高和其成年儿子身高的关系时提出的。从大量的父亲身高和其成年儿子身高数据的散点图中,这名统计学家天才地发现了一条贯穿其中的直线,它能够描述父亲身高和其成年儿子身高之间的关系,并可用于预测某身高的父亲其成年儿子的平均身高。他的研究发现:如果父亲的身高很高,那么他的成年儿子也会较高,但不会像他父亲那么高;如果父亲的身高很矮,那么他的成年儿子也较矮,但不会像他父亲那么矮。成年儿子的身高会趋向于子辈身高的平均值。这名统计学家将这种现象称为"回归",将那条贯穿数据点的线称为"回归线"。后来,人们借用"回归"这个名词,将研究事物之间统计关系的数量分析方法称为回归分析。正如上述这名统计学家研究父亲身高与成年儿子身高关系的问题那样,回归分析的核心目的是找到回归线,涉及如何得到回归线、如何描述回归线、回归线是否可用于预测等问题。

由于回归分析用于分析一个事物如何随其他事物的变化而变化,因此回归分析的第一步应确定哪个事物是需要解释的,即哪个变量是被解释变量(记为 y),哪些事物是用于解释其他变量的,即哪些变量是解释变量(记为 x)。回归分析正是要建立 y 关于 x 的回归方程,并在给定 x 的条件下,通过回归方程预测 y 的平均值。这点是有别于相关分析的。例如,父亲身高关于成年儿子身高的回归分析与成年儿子身高关于父亲身高的回归分析是完全不同的。确定回归模型根据函数拟合方式,通过观察散点图确定应通过哪种数学模型来概括回归线。如果被解释变量和解释变量之间存在线性关系,则应进行线性回归分析,建立线性回归模型;反之,如果被解释变量和解释变量之间存在非线性关系,则应进行非线性回归分析,建立非线性回归模型。建立回归方程根据收集到的样本数据,以及上一步所确定的回归模型,在一定的统计拟合准则下估计出模型中的各个参数,得到一个确定的回归方程。前面已经提到,由于回归方程是在样本数据基础上得到的,回归方程是否真实地反映了事物总体间的统计关系,以及回归方程能否用于预测等都需要进行检验。建立回归方程的目的之一是根据回归方程对新数据的未知被解释变量取值进行预测。利用 SPSS 进行回归分析时,应重点关注上述过程中的第一步和最后一步,至于中间各步,SPSS 会自动进行计算并给出最佳的模型。

第一节 简单相关分析

简单相关分析是可以研究变量间的线性相关程度并用适当的统计指标表示出来。

简单相关分析操作实例

【案例 7.1】 试分析某商场分月统计的平均销售额和销售利润之间的相关性。

如图 7.1 所示,打开案例 7.1 数据,依次单击"分析"—"相关"—"双变量"菜单项,打开双变量相关对话框。

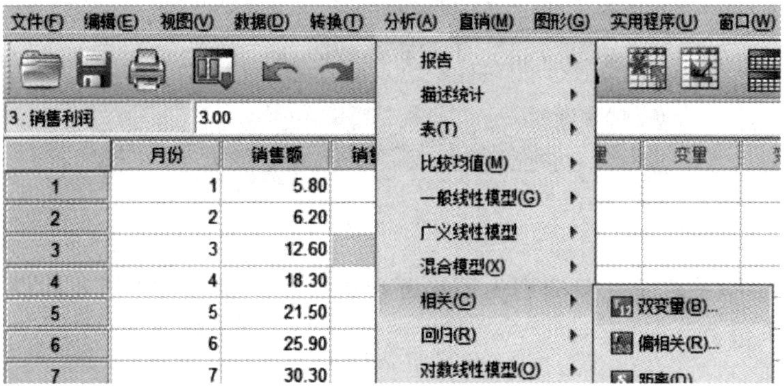

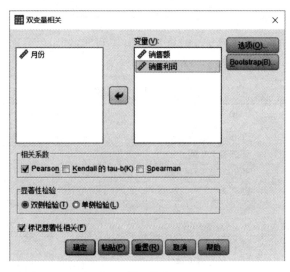

图 7.1

如图 7.2 所示,从左边选择"销售额"和"销售利润"选项到"变量"中。

图 7.2

单击"选项"按钮,如图 7.3 所示,勾选"均值和标准差""叉积偏差和协方差"复选框,单击"继续"按钮。

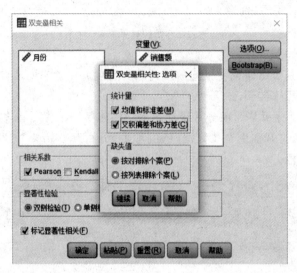

图 7.3

结果分析：描述性统计量分别为销售额和销售利润如表7.1所示。样本数均为12，标准差为8.872 8和48.87。

表 7.1

统 计 量	均 值	标 准 差	N
平均气温	18.300	8.872 8	12
日照时数	118.892	48.879 0	12

相关性分析结果如表7.2所示，销售额和销售利润的相关系数为0.76，显著性置信水平为0.004，小于0.01，所以两者之间相关关系为正，且相关性强。

表7.2 相 关 性

统 计 量	相 关 性	销 售 额	销 售 利 润
销售额	Pearson 相关性	1	0.760
	显著性（双侧）		0.004
	平方与叉积的和	866.000	3 625.280
	协方差	78.727	329.571
	N	12	12
销售利润	Pearson 相关性	0.760	1
	显著性（双侧）	0.004	
	平方与叉积的和	3 625.280	26 280.729
	协方差	329.571	2 389.157
	N	12	12

第二节 偏相关分析

有时候进行相关分析的变量取值会受到其他变量的影响,我们需要把这些其他变量控制住,然后分析控制后变量之间相关性。

偏相关分析操作实例

【**案例 7.2**】 某研究欲了解员工受教育年限与当前工资之间的关系情况。考虑到受教育年限会影响入职工资,入职工资还会影响到当前工资。因此,将入职工资作为控制变量,进行偏相关分析。

如图 7.4 所示,打开案例 7.4 数据,依次打开"分析"—"相关"—"偏相关"菜单项,打开偏相关对话框。

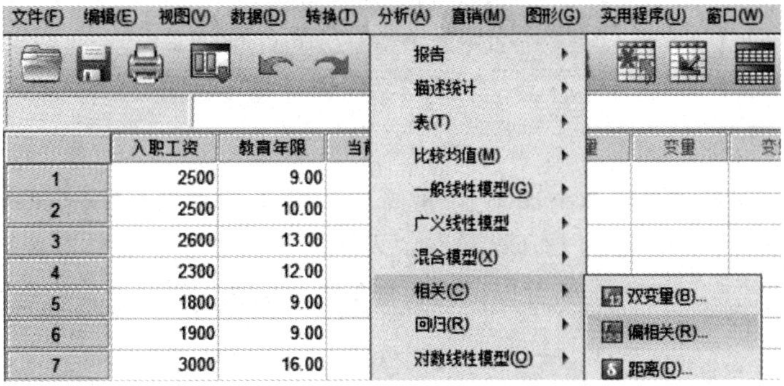

图 7.4

如图 7.5 所示,选择"受教育年限"和"当前工资"选项到变量中,选择"入职工资"选项到"控制"中。

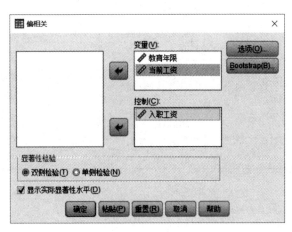

图 7.5

单击"选项"按钮如图7.6所示,勾选"均值和标准差"和"零阶相关系数"复选框,单击"继续"按钮,最后单击"确定"按钮运行。

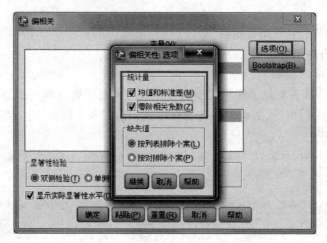

图 7.6

结果分析:如表7.3所示不控制"入职工资",两个变量教育年限和当前工资相关系数为0.964,显著性置信水平为0.000;控制"入职工资",教育年限和当前工资的相关性为0.839,显著性置信水平为0.000,可以说明教育年限和当前工资的相关为正且相关性很强。

表7.3 相 关 性

控制变量	变量	相关性检验	教育年限	当前工资
-无-	教育年限	相关性	1.000	0.964
		显著性(双侧)	0.000	0.000
		df	0.000	14
	当前工资	相关性	0.964	1.000
		显著性(双侧)	0.000	0.000
		df	14	0.000
入职工资	教育年限	相关性	1.000	0.839
		显著性(双侧)	0.000	0.000
		df	0.000	13
	当前工资	相关性	0.839	1.000
		显著性(双侧)	0.000	0.000
		df	13	0.000

第三节 一元线性回归

一元线性回归模型是指只有一个解释变量的线性回归模型,用于揭示被解释变量与另一个解释变量之间的线性关系。

一元线性回归模型操作实例

【**案例 7.3**】 145 家企业关于成本、产量、工资率、价格、租赁费的数据,请用工资率为因变量,以产量为自变量做一元线性回归。

打开案例 7.3 的数据,如图 7.7 所示,依次单击"分析"—"回归"—"线性"菜单项。

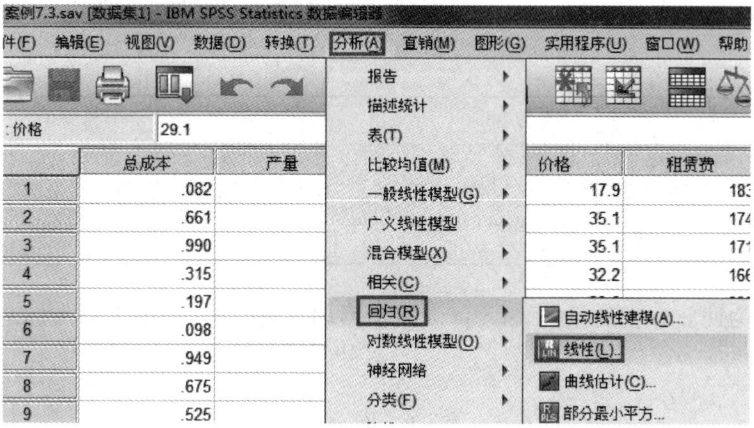

图 7.7

如图 7.8 所示,将左侧的"工资率"选入"因变量","产量"选入"自变量"。单击"确定"按钮运行。

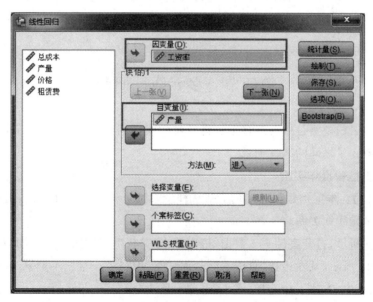

图 7.8

结果分析:表 7.4 说明了该线性模型拟合情况对数据的解释能力,R 和调整 R 方越大解释力越强,本例解释度较低。

表 7.4

模型	R	R方	调整R方	标准估计的误差
1	0.171	0.029	0.023	0.234 1

表 7.5 为方差分析表,反映了整体显著性置信水平为 0.039,小于 0.05。

表 7.5

模型		平方和	df	均方	F	Sig.
1	回归	0.237	1	0.237	4.331	0.039
	残差	7.838	143	0.055		
	总计	8.075	144			

表 7.6 为回归方程的系数,Sig. 值为表示回归显著性,常数项为 1.943,自变量产量的系数为 1.385。

表 7.6 系 数ª

模型		非标准化系数		标准系数	t	Sig.
		B	标准 误差	试用版		
1	(常量)	1.943	0.024		80.696	0.000
	产量	1.385E-005	0.000	0.171	2.081	0.039

a. 因变量:工资率

第四节 多元线性回归

多元线性回归模型是指含有多个解释变量的线性回归模型,用于揭示被解释变量与其他多个解释变量之间的线性关系。

单样本 T 检验操作实例

【案例 7.4】 本案例数据和案例 7.3 一样。尝试分析总成本和产量、工资、价格和租赁费之间的多元线性关系。

如图 7.9 所示,打开案例 7.4 数据,依次单击"分析"—"回归"—"线性"菜单项。

如图 7.10 所示,从左边选"总成本"到"因变量"中,选"产量""工资率""价格"和"租赁费"到"自变量"中,方法下拉选择"逐步"选项。单击"确定"按钮运行。

结果分析:表 7.7 展示了依次形成的 3 个模型的拟合情况,可以看出,调整后的 R 方在依次递增,而且都在 0.9 以上,所以这个模型的拟合情况非常好。

第七章 商业数据分析之相关与回归分析

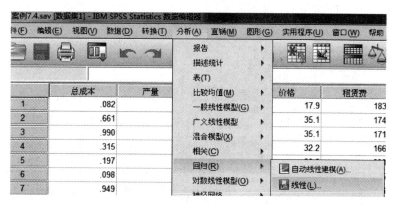

图 7.9

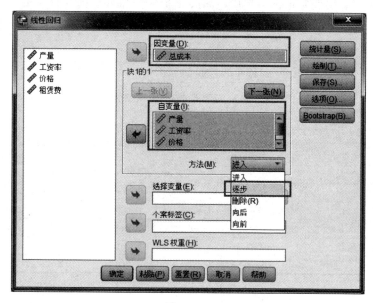

图 7.10

表 7.7

模型	R	R 方	调整 R 方	标准估计的误差
1	0.953	0.907	0.907	6.049 024
2	0.959	0.919	0.918	5.676 213
3	0.960	0.922	0.920	5.582 419

表 7.8 展示了随着变量进入依次形成的 3 个模型的方差分解结果,可以发现 Sig. 均为 0.000,因此,模型拟合效果是非常显著的。

表 7.8

模 型		平 方 和	df	均 方	F	Sig.
1	回归	51 190.370	1	51 190.370	1 399.000	0.000
	残差	5 232.468	143	36.591		
	总计	56 422.838	144			
2	回归	51 847.684	2	25 923.842	804.604	0.000
	残差	4 575.154	142	32.219		
	总计	56 422.838	144			
3	回归	52 028.798	3	17 342.933	556.516	0.000
	残差	4 394.040	141	31.163		
	总计	56 422.838	144			

表 7.9 给出了随着变量进入次序形成的三个模型的常数项和自变量系数,同样可以发现第三个自变量系数的 Sig. 非常显著。

表 7.9

模 型		非标准化系数		标准系数	t	Sig.
		B	标准误差	试用版		
1	(常量)	−0.741	0.622		−1.192	0.235
	产量	0.006	0.000	0.953	37.403	0.000
2	(常量)	−7.984	1.706		−4.679	0.000
	产量	0.006	0.000	0.961	40.090	0.000
	价格	0.272	0.060	0.108	4.517	0.000
3	(常量)	−16.544	3.928		−4.212	0.000
	产量	0.006	0.000	0.949	39.384	0.000
	价格	0.222	0.063	0.088	3.528	0.001
	工资率	5.098	2.115	0.061	2.411	0.017

第五节 曲线线性回归

变量间相关关系的分析中,变量之间的关系并不总表现为线性关系,非线性关系也是极为常见的,可通过绘制散点图的方式粗略考察这种非线性关系。对于非线性关系,通常无法直接通过线性回归来分析,无法直接建立线性模型。

变量之间的非线性可以划分为本质线性关系和本质非线性关系。所谓本质线性关系,是指变量关系形式上虽然呈非线性关系(如二次曲线),但可通过变量变换转化为线性关系,最终可进行线性回归分析,建立线性模型。本质非线性关系是指变量关系不仅形式上呈非线性关系,而且无法通过变量变换转化为线性关系,最终无法进行线性回归分析和建立线性模型。

曲线线性回归操作实例

【案例 7.5】 某幼教公司根据营销数据汇总了 1～7 岁营销成功率的数据，请分析儿童年龄和营销成功率之间的关系。

如图 7.11 所示，打开案例 7.5 的数据，并依次单击"分析"—"回归"—"曲线菜单项估计。

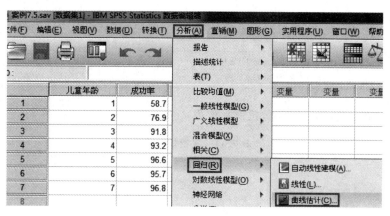

图 7.11

在曲线估计对话框中，如图 7.12 所示，选择"成功率"选项到"因变量"中，选择"儿童年龄"选项到"自变量"，"模型"中勾选"线性""对数""立方"复选框，单击"确定"按钮运行。

图 7.12

结果分析：表 7.10 描述了模型，选择 3 个模型对数据拟合，所以会有三个回归方程分别为线性、对数和三次方，分别为 1、2、3。自变量为儿童年龄，因变量为成功率。

表 7.10 模 型 描 述

模型名称		MOD_1
因变量	1	成功率
方程	1	线性
	2	对数
	3	三次
自变量		儿童年龄
常数		包含
其值在图中标记为观测值的变量		未指定
用于在方程中输入项的容差		0.000 1

表 7.11 显示变量处理摘要,正值数均为 7 个。

表 7.11 变量处理摘要

项 目		变量	
		因变量	自变量
		成功率	儿童年龄
正值数		7	7
零的个数		0	0
负值数		0	0
缺失值数	用户自定义缺失	0	0
	系统缺失	0	0

表 7.12 为模型拟合程度评价,可通过 R 方看出三次方的拟合度为 0.992,大于对数的 0.911 和线性的 0.714,并且 Sig. 为 0.001 也为显著的。

表 7.12 模型汇总和参数估计值

因变量:成功率

方程	模型汇总					参数估计值			
	R 方	F	df1	df2	Sig.	常数	$b1$	$b2$	$b3$
线性	0.714	12.484	1	5	0.017	64.714	5.596		
对数	0.911	51.456	1	5	0.001	62.809	19.946		
三次	0.992	127.900	3	3	0.001	27.286	37.396	−6.744	0.403

自变量为儿童年龄。

图 7.13 显示的是三条曲线的拟合情况,图中圆圈为数据点,也可以看出三次拟合最好。

✓动手试一试

1. 试用简单相关分析教育培训机构物理成绩和 IQ 相关性,数学成绩和 IQ 相关性。
2. 试在控制产量的基础上,对工资率和资本租赁价格做偏相关分析。

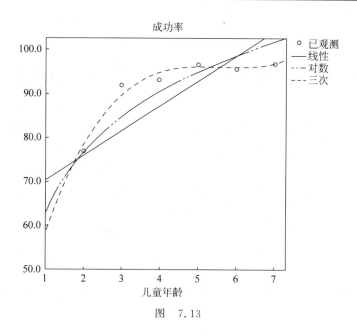

图 7.13

3. 试以工资率为因变量,以产量为自变量做简单线性回归分析。
4. 试以 lw80 为因变量,s80、expr80、tenure80、iq 为自变量做多元线性回归分析。
5. 试以长期表现指数为因变量,培训天数为自变量,做曲线回归分析。

【扩展阅读】

趣谈大数定律

【即测即练】

第八章 商业数据分析之 Logistic 回归分析

回归分析作为标准的统计分析方法，在诸多行业和领域的数据分析应用中发挥着极为重要的作用，并被人们广泛接受。尽管如此，在运用回归分析方法时仍不应忽略方法应用的前提条件。回归分析用于探索被解释变量与解释变量之间的相关性，回归模型揭示被解释变量与解释变量之间的数量变化规律的一个基本要求是：被解释变量应是数值型变量。例如，在利用回归分析方法研究收入水平对支出的影响时，支出作为被解释变量应是数值型变量。遗憾的是，实际应用中并非所有的被解释变量都是数值型变量，还有相当多的问题是分析一个或多个变量怎样对一个非数值型分类变量产生影响。

随着我国战略性新兴产业发展壮大，新能源技术、大飞机制造、生物医药等取得重大成果，进入创新型国家行列。特别是新能源汽车领域，中国汽车工业协会最新统计显示，2022 年我国新能源汽车持续爆发式增长，产销分别完成 705.8 万辆和 688.7 万辆，同比分别增长 96.9% 和 93.4%，连续 8 年保持全球第一。在利用回归分析方法研究消费者的不同特征如何影响是否购买新能源汽车时，消费者的职业、年收入、年龄等因素将作为解释变量，而是否购买（例如，1 表示购买，0 表示不购买）则作为被解释变量，它是一个典型的二分类变量。在研究消费者对某种商品的品牌选择取向时，品牌作为被解释变量是一个多分类变量。当二分类或多分类变量以被解释变量的角色出现在回归分析中时，一方面，无法满足一般线性回归模型对被解释变量的取值要求，由于线性回归分析中解释变量的取值是没有限制的，这导致由解释变量的线性组合计算得到的被解释变量，可以取到从 $-\infty$ 至 $+\infty$ 的所有可能值。另一方面，将违背回归模型的前提假设，如果被解释变量为二分类变量，那么建立一般的线性回归模型将出现一系列问题。

总之，当二分类或多分类变量以回归分析中被解释变量的角色出现时，由于不满足一般线性回归模型对被解释变量取值的要求，且违背回归模型的前提假设，因此，无法直接借助回归模型进行研究。通常采用的方法是 Logistic 回归分析。当被解释变量是二分类变量时，采用二项 Logistic 回归模型；当被解释变量是多分类变量时，采用多项 Logistic 回归模型。

第一节 二项 Logistic 回归分析

当回归分析中的被解释变量是二分类变量时，通常采用二项 Logistic 回归分析。

【案例 8.1】 某连锁超市为了研究某商品消费的特点和趋势，收集了 431 个顾客样本数据，其中购买情况为因变量，其余性别、年龄和收入为自变量，进行二项 Logistic 回归分析。

如图 8.1 所示，打开案例 8.1 的数据，然后依次单击"分析"—"回归"—"二元

第八章　商业数据分析之 Logistic 回归分析

Logistic"菜单项。

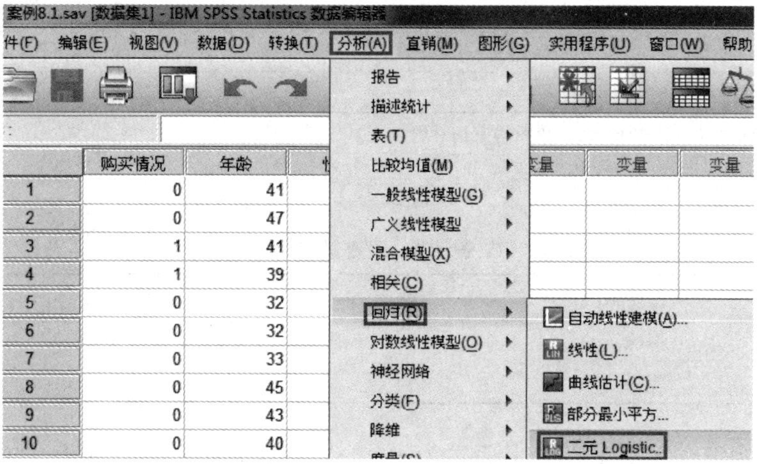

图 8.1

在"Logistic 回归"对话框中,如图 8.2 所示依次将左边的"是否购买"选入"因变量","年龄""性别"和"收入"选入"协变量"中,单击"确定"按钮运行。

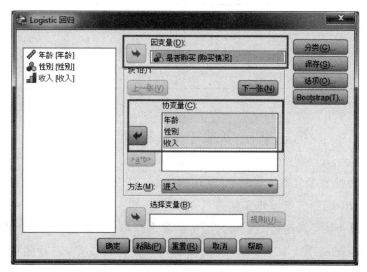

图 8.2

结果分析：如表 8.1 所示,样本数为 431,缺失为 0。

表 8.1　案例处理汇总

未加权的案例[a]		N	百分比(%)
选定案例	包括在分析中	431	100.0
	缺失案例	0	0
	总计	431	100.0

未加权的案例[a]	N	百分比（%）
未选定的案例	0	0
总计	431	100.0

a. 如果权重有效，请参见分类表以获得案例总数。

表 8.2 为因变量编码，不购买为 0，购买为 1。

表 8.2 因变量编码

初始值	内部值
不购买	0
购买	1

表 8.3 为拟合方差系数，年龄系数为 -3.157，性别为 0.534，收入为 0.41。Sig. 值分别为 0.000、0.010 和 0.001 均小于 0.05，代表显著性强，也就是年龄、性别和收入均对购买率有显著影响。

表 8.3

步骤	变量	B	S.E	Wals	Df	Sig.	Exp(B)
步骤 1	年龄	−3.157	0.869	13.207	1	0.000	0.043
	性别	0.534	0.208	6.577	1	0.010	1.706
	收入	0.410	0.127	10.365	1	0.001	1.507

第二节 多项 Logistic 回归分析

当被解释变量为多分类变量时，应采用多项 Logistic 回归分析方法。

多项 Logistic 回归分析操作实例

【案例 8.2】 某连锁超市为了研究顾客品牌选择取向，收集了 338 个顾客样本数据，其中购买品牌情况（3 种）为因变量，其余性别和职业为自变量，进行多项 Logistic 回归分析。

如图 8.3 所示打开案例 8.2 的数据，并依次单击"分析"—"回归"—"多项 logistic"菜单项。

在"多项 logistic 回归"对话框中，依次选择"品牌"选项到"因变量"，"职业"和"性别"选项到"因子"里，单击"确定"按钮运行。

结果分析：表 8.4 展示了三种品牌、三种职业、两种性别的样本数及边际百分比。

第八章 商业数据分析之 Logistic 回归分析

图 8.3

图 8.4

表 8.4

项 目		N	边际百分比（%）
购买品牌	A	79	23.4
	B	85	25.1
	C	174	51.5
职业	职业一	120	35.5
	职业二	128	37.9
	职业三	90	26.6

项 目		N	边际百分比(%)
性别	男	163	48.2
	女	175	51.8
有效		338	100.0
缺失		0	
总计		338	
子总体		6	

表 8.5 和表 8.6 显示了拟合效果信息,表 8.5 中显著水平为 0.000,小于 0.01,模型为非常显著。表 8.6 显示了伪 R 方,只有 0.081、0.093 和 0.041 均比较低,解释力一般。

表 8.5

模 型	模型拟合标准	似然比检验		
	-2 倍对数似然值	卡方	df	显著水平
仅截距	78.915			
最终	50.445	28.470	6	0.000

表 8.6

伪 R 方检验	数值
Cox 和 Snell	0.081
Nagelkerke	0.093
McFadden	0.041

表 8.7 显示了模型似然比检验显著性为 0.003 和 0.004,均显著。

表 8.7

效应	模型拟合标准	似然比检验		
	简化后的模型的 -2 倍对数似然值	卡方	df	显著水平
截距	50.445[a]	0.000	0	
职业	66.830	16.385	4	0.003
性别	61.539	11.094	2	0.004

卡方统计量是最终模型与简化后模型之间在 -2 倍对数似然值中的差值。通过从最终模型中省略效应而形成简化后的模型。零假设就是该效应的所有参数均为 0。

a. 因为省略效应不会增加自由度,所以此简化后的模型等同于最终模型。

表 8.8 展示了多项 logistic 模型的参数、假设检验结果,可以写出 Logistic 方程,相关系数参照 B 列,显著性水平均和 0.05 比较即可。

表8.8 参数估计

购买品牌		B	标准误	Wald	df	显著水平	Exp(B)	Exp(B)的置信区间95%	
								下限	上限
A	截距	-0.656	0.296	4.924	1	0.026			
	[职业=1]	-1.315	0.384	11.727	1	0.001	0.269	0.127	0.570
	[职业=2]	-0.232	0.333	0.486	1	0.486	0.793	0.413	1.522
	[职业=3]	0	.	.	0	.	.	.	.
	[性别=1]	0.747	0.282	7.027	1	0.008	2.112	1.215	3.670
	[性别=2]	0	.	.	0	.	.	.	.
B	截距	-0.653	0.293	4.986	1	0.026			
	[职业=1]	-0.656	0.339	3.730	1	0.053	0.519	0.267	1.010
	[职业=2]	-.475	0.344	1.915	1	0.166	0.622	0.317	1.219
	[职业=3]	0	.	.	0	.	.	.	.
	[性别=1]	0.743	0.271	7.533	1	0.006	2.101	1.237	3.571
	[性别=2]	0	.	.	0	.	.	.	.

✓动手试一试

1. 为研究和预测某商品消费的特点和趋势,某连锁门店收集到以往的消费数据。变量有是否购买、年龄、性别和收入水平。在变量中,年龄为数值型变量,其他为分类型变量。试建立客户购买的预测模型,分析影响因素。其中,是否购买为因变量,其余变量为自变量。

2. 为研究和预测顾客的品牌选择取向,某零售企业收集到以往的消费数据,其中的变量包括职业(有三种职业)、性别、顾客选购的品牌(有A,B,C三种),试建立客户品牌选择取向的预测模型,分析影响因素。其中,品牌为因变量,其余变量为自变量。

3. 为研究和预测消费者对口味选择偏好,对目标市场消费群进行调查,其中变量包括口味(5种),年龄,性别,职业(5种),试建立顾客口味选择取向的预测模型,分析影响因素。其中,口味为因变量,其余变量为自变量。

【扩展阅读】

稻田里的麦穗

【即测即练】

自学自测 扫描此码

第九章 商业数据分析之聚类与因子分析

聚类分析是统计学中研究"物以类聚"问题的多元统计分析方法。聚类分析在统计分析的各应用领域得到了广泛的应用。"物以类聚"问题在经济社会研究中十分常见。自从党的十八大以来,我国深入实施网络强国战略、国家大数据战略,先后印发数字经济发展战略、"十四五"数字经济发展规划,有关部门认真落实各项部署,加快推进数字产业化和产业数字化,推动数字经济蓬勃发展。十年来,我国数字经济取得了举世瞩目的发展成就,总体规模连续多年位居世界第二,对经济社会发展的引领支撑作用日益凸显。

在促进数字经济和实体经济深度融合方面,市场营销中的市场细分和客户细分问题。大型商厦收集了顾客人口特征、消费行为和喜好方面的数据,并希望对这些顾客进行特征分析。可从顾客分类入手,根据顾客的年龄、职业、收入、消费金额、消费频率、喜好等方面进行单变量或多变量的顾客分组。这种分组是极为常见的顾客细分方式,但不足是顾客群划分带有明显的主观色彩,需要有丰富的行业经验才能够得到比较合理和理想的顾客细分,否则得到的分组可能无法充分反映和展现顾客的特点。主要表现在:同一顾客细分段中的顾客在某些特征方面并不相似,而不同顾客细分段中的顾客在某些特征方面却又很相似。因此,这种顾客细分并没有真正起到划分顾客群的作用。希望从数据自身出发,充分利用数据进行顾客的客观分组,使诸多特征有相似性的顾客能被分在同一组内,而不相似的顾客能被分到另一些组中。这时便可采用聚类分析方法。再如,学校里有些学生会经常在一起,关系比较密切,而他们与另一些学生却很少来往,关系比较疏远。

究其原因,可能会发现经常在一起的学生,他们在家庭情况、性格、学习成绩、课余爱好等方面有许多共同之处,而关系较疏远的学生在这些方面有较大的差异。为了研究家庭情况、性格、学习成绩、课余爱好等是否会成为划分学生小群体的主要决定因素,我们可以从有关这些方面的数据入手,对数据(学生)进行客观分组,然后比较所得的分组是否与实际分组吻合,对学生的客观分组可采用聚类分析方法。

聚类分析是一种建立分类的多元统计分析方法,它能够将一批观测数据(或变量)数据根据其诸多特征,按照在性质上的亲疏程度在没有先验知识的情况下进行自动分类,产生多个分类结果。内部个体特征具有相似性,不同类间个体特征的差异性较大。

第一节 聚类分析

单样本 T 检验的利用小概率反证法来验证某总体的样本数据,通过 T 检验来对样本均值和总体均值进行比较,推断该总体的均值是否与指定的检验值存在显著差异,它是对总体均值的假设检验。

聚类分析操作实例

【案例 9.1】 某连锁超市对其五家门店在购物环境和服务质量的评分,请用系统聚类和 K-均值聚类法将这五个门店进行分类。

1. 系统聚类法

如图 9.1 所示,打开案例 9.1 数据,依次单击"分析"—"分类"—"系统聚类"菜单项。

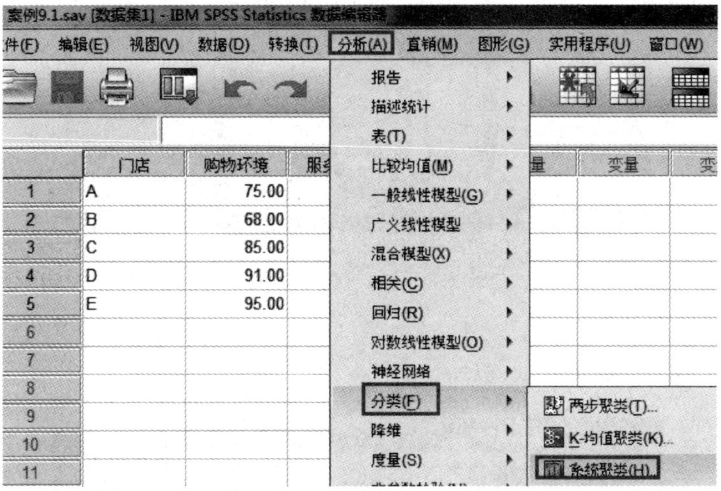

图 9.1

在"系统聚类分析"对话框中,分别选择"购物环境"和"服务质量"选项到"变量"中,门店编号选到标注个案,如图 9.2 所示。

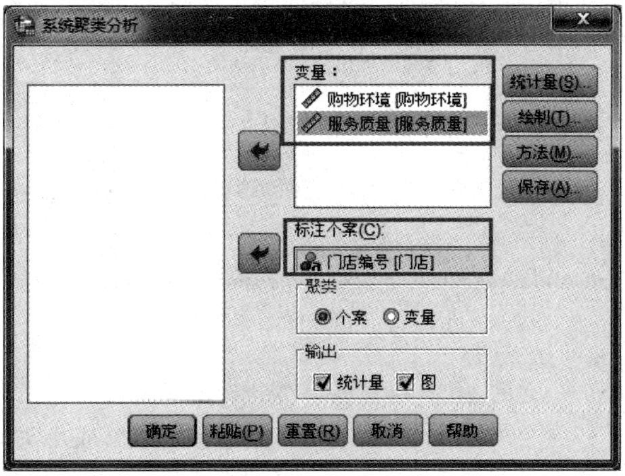

图 9.2

如图 9.3 所示,单击"统计量"按钮后勾选"合并进程表"和"相似性矩阵"复选框,单击"继续"按钮。

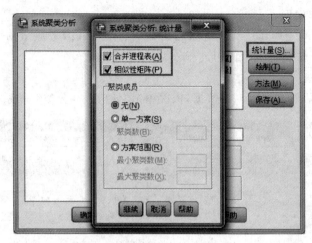

图 9.3

如图 9.4 所示,单击"方法"按钮,选择"区间"内"Euclidean 距离"选项,单击"继续"按钮,最后单击"确定"按钮运行。

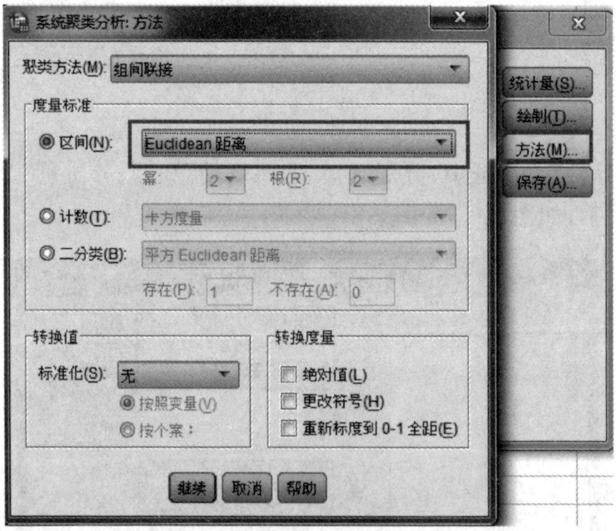

图 9.4

结果分析:如表 9.1 所示,第一列表示聚类分析的第几步;第二列、第三列表示本步聚类中哪两个观测个体或小类聚成一类;第四列是个体距离或小类距离;第五列、第六列表示本步聚类中参与聚类的是个体还是小类,0 表示个体(样本),非 0 表示由第几步聚类生成的小类参与本步聚类;第七列表示本步聚类的结果将在以下第几步中用到。同样该表展示了五家门店聚类的情况,聚类分析的第 1 步中,4 号观测(D)与 5 号观测(E)聚成一小类,它们的个体距离(这里采用欧氏距离)是 5。

表 9.1

阶	群集组合		系数	首次出现阶群集		下一阶
	群集1	群集2		群集1	群集2	
1	4	5	5.000	0	0	3
2	1	2	8.062	0	0	4
3	3	4	9.709	0	1	4
4	1	3	28.017	2	3	0

如图9.5所示,分类结果的垂直冰柱图,从下往上看,两个门店之间的黄柱所对应的聚集数,即为两个门店在划分为此聚集时候属于同一类。纵向显示的冰柱图,冰柱图因样子很像冬天房檐上垂下的冰柱而得名。观察冰柱图应从最后一行开始。当聚成四类时,D、E商厦为一类,其他各商厦自成一类;当聚成3类时,A、B商厦为一类,D、E商厦为一类,C商厦自成一类;当聚成2类时,A、B商厦为一类,C、D、E商厦为一类。

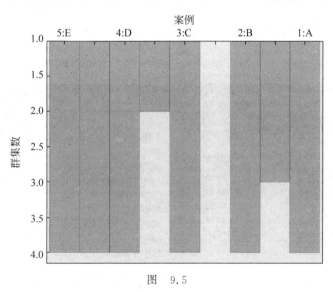

图 9.5

如图9.6所示,树形图以躺倒树的形式展现了聚类分析中每一次类合并的情况。SPSS自动将各类间的距离映射到0～25之间,并将凝聚过程近似地显示在图上。如图9.6所示,D商与E的距离最近,首先合并成一类;其次合并的是A和B,它们间的距离大于D、E商厦间的距离;再次是C与(D、E)合并;最后所有个体聚成一类,此时类间的距离已经非常大了。树形图只是粗略地展现聚类分析的过程,如果样本量较大且个体或小类间的距离相差较小,那么在图形上就较难分辨凝聚的每步过程了。

2. K-均值聚类法

如图9.7所示,打开案例9.1数据,依次单击"分析"—"分类"—"K-均值聚类"菜单项。

使用平均联接(组间)的树状图
重新调整距离聚类合并

图 9.6

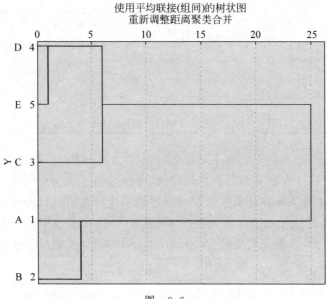

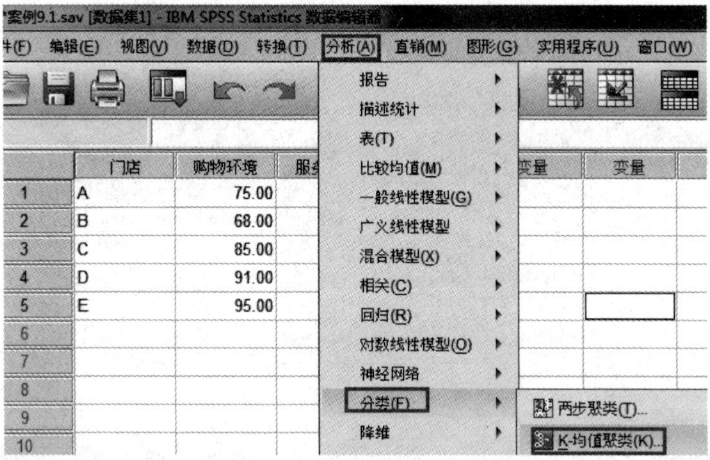

图 9.7

如图9.8所示,在"K-均值聚类分析"对话框中,将"购物环境"和"服务质量"选入"变量"中,"门店编号"选入"个案标记依据"。

如图9.9所示单击"保存"按钮,在对话框中勾选"聚类成员"和"与聚类中心的距离"复选框,单击"继续"按钮。

如图9.10所示单击"选项"按钮,勾选"初始聚类中心"和"ANOVA表"复选框。

结果分析:表9.2展示了2个初始聚类中心点情况,点数据分别为(95、91)和(68、65)。

第九章 商业数据分析之聚类与因子分析

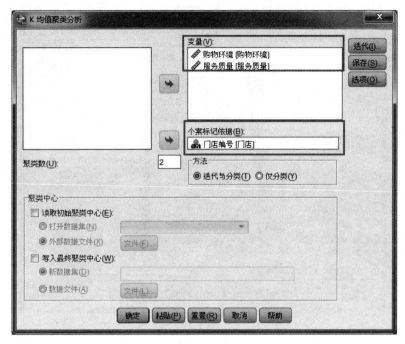

图 9.8

图 9.9

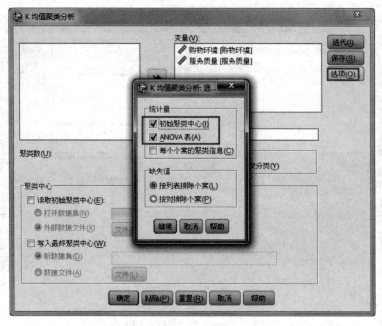

图 9.10

表 9.2

统 计 量	聚 类	
	1	2
购物环境	95.00	68.00
服务质量	91.00	65.00

表 9.3 为 2 个聚类中心每次迭代偏移情况。第 1 次迭代后,2 个中心偏移了 5.735、4.031,第二次迭代后偏移量均小于 0.02,聚类分析结束。

表 9.3

迭 代	聚类中心内的更改	
	1	2
1	5.735	4.031
2	0.000	0.000

表 9.4 展示了最终类中心点情况,两个最终类中心点的数据分别为(90.33、87.67),(71.50、67)。

表 9.4

统 计 量	聚 类	
	1	2
购物环境	90.33	71.50
服务质量	87.67	67.00

表 9.5 展示了聚类变量在不同类的统计量,该表显示出各统计变量的总体均值在 2 类中有显著差异。应注意这里的单因素方差分析并非用于对各总体均值的对比,而须关注 F 值。F 值大表明组间差大,组内差小,说明将数据聚成当前的 K 个类是合理的。

表 9.5

统计量	聚类		误差		F	Sig.
	均方	df	均方	df		
购物环境	425.633	1	25.056	3	16.988	0.026
服务质量	512.533	1	10.889	3	47.069	0.006

图 9.11 为在数据窗口中,对门店数据分类标注。

门店	购物环境	服务质量	QCL_1	QCL_2
A	75.00	69.00	2	4.03113
B	68.00	65.00	2	4.03113
C	85.00	84.00	1	6.47216
D	91.00	88.00	1	.74536
E	95.00	91.00	1	5.73488

图 9.11

第二节 因子分析

在研究实际问题时往往希望尽可能多地收集相关变量,以便能对问题有比较全面、完整的把握和认识。例如,对高等学校科研状况的评价研究,可能会收集诸如投入科研活动的人年数、立项课题数、项目经费、经费支出、结项课题数、发表论文数、发表专著数、获得奖励数等多项指标;学生综合评价研究中,可能会收集诸如基础课成绩、学科基础课成绩、专业课成绩等各类课程的成绩及获得奖学金的次数等。收集这些数据需投入许多精力,虽然它们能够较为全面、精确地描述事物,但在实际数据建模时,这些变量未必能真正发挥预期的作用,"投入"和"产出"并非呈合理的正比,反而会给统计分析带来许多问题,可以表现在如下几方面。

(1) 计算量的问题。由于收集的变量较多,如果这些变量都参与数据建模,无疑会增加分析过程中的计算工作量。虽然现在的计算技术已得到迅猛发展,但高维变量和海量数据的计算仍是不容忽视的问题。

(2) 变量间的相关性问题。收集到的诸多变量之间通常会存在或多或少的相关性。例如,高校科研状况评价中的立项课题数与项目经费、经费支出等之间会存在较高的相关性;学生综合评价研究中的学科基础课成绩与专业课成绩、获得奖学金的次数等之间也会存在较高的相关性。变量间信息的高度重叠和高度相关会给统计方法的应用设置许多障碍。例如,多元线性回归分析中,如果众多解释变量间存在较强的相关性,即存在高度的多重共线性,那么会给回归方程的参数估计带来许多麻烦,致使回归方程参数不准确甚至模型不可用等。

因子分析为解决上述问题，最简单和最直接的解决方案是减少变量个数，但这必然会导致信息丢失和信息不全面等问题产生。为此，人们希望探索一种更有效的解决方法，它既能大幅减少参与数据建模的变量个数，同时也不会造成信息的大量丢失。因子分析正是这样一种能够有效降低变量维数，并已得到广泛应用的分析方法。因子分析的概念起源于 20 世纪初 Karl Pearson 和 Charles Spearmen 等人关于智力测验的统计分析。目前，因子分析已成功应用于心理学、医学、气象学、地质学、经济学等领域，并因此促进了理论的不断丰富和完善。

(1) 因子个数远远少于原有变量的个数。原有变量综合成少数几个因子后，因子将可以替代原有变量参与数据建模，这将大幅减少分析过程中的计算工作量。

(2) 因子能够反映原有变量的绝大部分信息。因子并不是原有变量的简单取舍，而是原有变量重组后的结果，因此不会造成原有变量信息的大量丢失，能够代表原有变量的绝大部分信息。

(3) 因子之间的线性关系不显著。由原有变量重组出来的因子之间的线性关系较弱，因子参与数据建模能够有效地解决诸如变量多重共线性等给分析方法应用带来的诸多问题。

(4) 因子具有命名解释性。通常，因子分析产生的因子能够通过各种方式最终获得命名解释性。因子的命名解释性有助于对因子分析结果的解释，对因子的进一步应用有重要意义。例如，对高校科研情况的因子分析中，如果能够得到两个因子，且其中一因子是对投入科研活动的人年数、项目经费、立项课题数等变量的综合，而另一个是对经费支出、结项课题数、发表论文数、获得奖励数等变量的综合，那么，该因子分析就是较为理想的。因为这两个因子均有命名解释性，其中一个反映了科研投入方面的情况，可命名为科研投入因子，另一个反映了科研产出方面的情况，可命名为科研产出因子。总之，因子分析是研究如何以最少的信息丢失将众多原有变量浓缩成少数几个因子，并使因子具有一定的命名解释性的多元统计分析方法。

因子分析中的重要概念有因子载荷、变量共同度、因子的方差贡献。

(1) 因子载荷可以证明在因子不相关的前提下，因子载荷 a_{ij} 是变量 x_i 与因子 f_j 的相关系数，反映了变量 x_i 与因子 f_j 的相关程度。因子载荷 a_{ij} 的绝对值小于等于 1，绝对值越接近 1，表明因子 f_j 与变量 x_i 的相关性越强。同时，因子载荷 a_{ij} 的平方也反映了因子 f_j 对解释变量 x_i 的重要作用和程度。

(2) 变量共同度即变量方差，总之，变量 x_i 的共同度刻画了因子全体对变量 x_i 信息解释的程度，是评价变量 x_i 信息丢失程度的重要指标。如果大多数原有变量的变量共同度均较高（如高于 0.8），则说明提取的因子能够反映原有变量的大部分（如 80% 以上）信息，仅有较少的信息丢失，因子分析的效果较好。因此，变量共同度是衡量因子分析效果的重要指标。

(3) 因子的方差贡献因子 f_j 的方差贡献是因子载荷矩阵 $\boldsymbol{A}$ 中第 j 列元素的平方和。因子 f_j 的方差贡献反映了因子 f_j 对原有变量总方差的解释能力。该值越大，说明相应因子越重要。因此，因子的方差贡献和方差贡献率是衡量因子重要性的关键指标。

因子分析操作实例

【**案例 9.2**】 利用我国国民经济统计指标相关数据,用因子分析这些指标的公因子。打开案例 9.2 数据,如图 9.12 所示,依次单击"分析"—"降维"—"因子分析"菜单项。

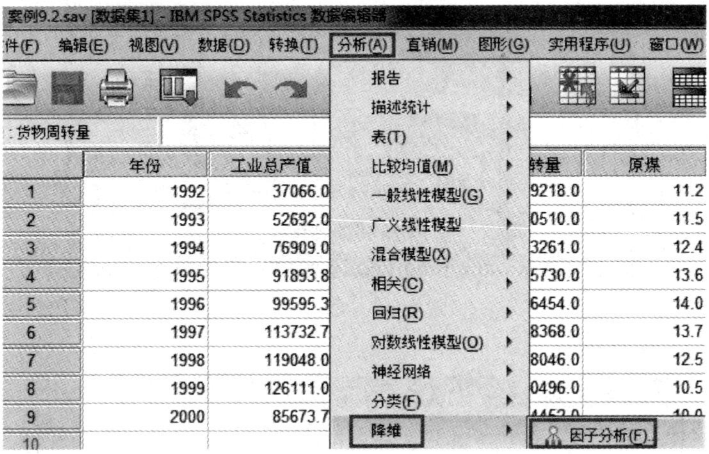

图 9.12

在"因子分析"对话框中,如图 9.13 所示,将"工业总产值""国内生产总值""货物周转量""原煤""发电量"和"原油"选入"变量"中。

图 9.13

如图 9.14 所示,单击"描述"按钮,勾选"KMO 和 Bartlett 的球形度检验"复选框,单击"继续"按钮。

如图 9.15 所示,单击"抽取"按钮,勾选"碎石图"复选框,单击"继续"按钮。

单击"旋转"按钮,在"因子分析:旋转"对话框中单击"最大方差法"单选按钮,单击"继续"按钮。

如图 9.17 所示,单击"得分"按钮,勾选"显示因子得分系数矩阵"复选框。

如图 9.18 所示,单击"选项"按钮,勾选"按大小排序"复选框。

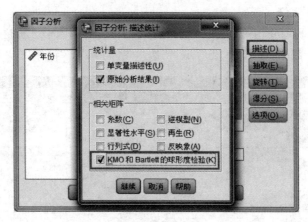

图 9.14

图 9.15

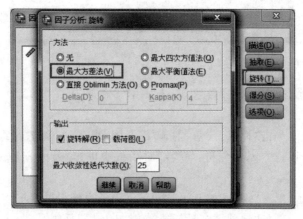

图 9.16

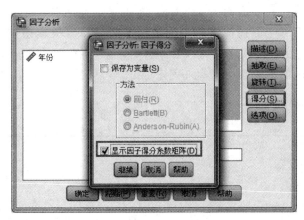

图 9.17

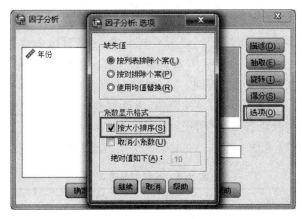

图 9.18

结果分析：如表 9.6 所示，巴特利特球度检验统计量的观测值为 84.177，相应的概率 P 值接近 0。如果显著性水平 α 为 0.05，由于概率 P 值小于显著性水平 α，则应拒绝原假设，认为相关系数矩阵与单位阵有显著差异。同时，KMO 值为 0.657，可以进行因子分析。

表 9.6

KMO 和 Bartlett 的检验		数 值
取样足够度的 Kaiser-Meyer-Olkin 度量		0.657
Bartlett 的球形度检验	近似卡方	84.177
	df	15
	Sig.	0.000

表 9.7 显示了所有的变量共同度。第一列数据是因子分析初始解下的变量共同度，它表明：如果对原有 6 个变量采用主成分分析方法提取 6 个因子，那么原有变量的所有方

差都可被解释,变量的共同度均为1。事实上,因子个数少于原有变量的个数才是因子分析的目标,所以不可全部提取。第二列数据是在按指定提取条件(这里为特征值大于1)提取因子时的变量共同度。可以看到:工业总产值、国内生产总值、货物周转量、原煤、发电量和原油的绝大部分信息(大于88.8%)可被因子解释,这些变量的信息丢失很少。

表 9.7

统计量	初始	提取
工业总产值	1.000	0.888
国内生产总值	1.000	0.998
货物周转量	1.000	0.967
原煤	1.000	0.975
发电量	1.000	0.991
原油	1.000	0.958

在表9.8中,第一列是因子编号,以后三列组成一组,每组中数据项的含义依次是特征值(方差贡献)、方差贡献率和累计方差贡献率。第一组数据项(第二列至第四列)描述了因子分析初始解的情况。可以看到:第1个因子的方差贡献为4.623,解释原有6个变量总方差的77.05%(即$4.623 \div 6 \times 100\%$),累计方差贡献率为77.05%;第2个因子的方差贡献为1.155,解释原有6个变量总方差的19.25(即$1.155 \div 6 \times 100\%$),累计方差贡献率为96.3%,即$(4.623+1.155) \div 6 \times 100\%$。其余数据含义类似。

表 9.8 解释的总方差

成分	初始特征值			提取平方和载入			旋转平方和载入		
	合计	方差的(%)	累积(%)	合计	方差的(%)	累积(%)	合计	方差的(%)	累积(%)
1	4.623	77.049	77.049	4.623	77.049	77.049	4.622	77.028	77.028
2	1.155	19.256	96.305	1.155	19.256	96.305	1.157	19.278	96.305
3	0.165	2.742	99.048						
4	0.054	0.899	99.947						
5	0.002	0.041	99.988						
6	0.001	0.012	100.000						

提取方法:主成分分析。

第二组数据项(第五列至第七列)描述了因子解的情况。可以看到:由于指定提取2个因子,2个因子共解释了原有变量总方差的96.305%。总体上,原有变量的信息丢失较少,因子分析效果理想。

第三组数据项(第八列至第十列)描述了最终因子解的情况。可见,因子旋转后,总的累计方差贡献率没有改变,也就是没有影响原有变量的共同度,但却重新分配了各个因子解释原有变量的方差,改变了各因子的方差贡献,使因子更易于解释。如图9.19所示,横坐标为因子编号,纵坐标为特征值。可以看到:第1个因子的特征值(方差贡献)很高,对解释原有变量的贡献最大;第 3 个以后的因子特征值都较小,对解释原有变量的贡献很小,已经成为可忽略的"高山脚下的碎石",因此提取 2 个因子是合适的。

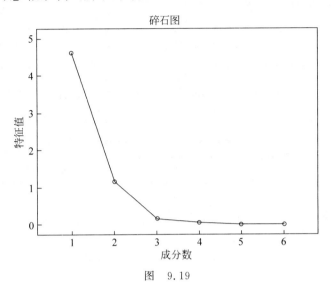

图 9.19

表 9.9 表明了未旋转状态下,提取 2 个公因子所对应包含原始变量的成分比例,第 1 个因子包含 0.869 的国内生产总值,0.986 的发电量,−0.61 的原油,0.968 的货物周转量。第 2 个因子包含了 0.364 的国内生产总值,−0.138 的发电量,0.986 的原油,−0.173 的货物周转量。

表 9.9

统 计 量	成 分	
	1	2
国内生产总值	0.869	0.364
发电量	0.986	−0.138
原油	−0.061	0.986
货物周转量	0.968	−0.173

由表 9.10 可知,国内生产总值、发电量和货物周转量在第一个因子上有较高的载荷,第 1 个因子主要解释了这几个变量;原油在第 2 个因子上有较高的载荷,第 2 个因子主要解释了这几个变量。

表 9.10

统 计 量	成 分	
	1	2
国内生产总值	0.876	0.347
发电量	0.983	−0.157

续表

统 计 量	成 分	
	1	2
原油	−0.042	0.987
货物周转量	0.964	−0.192

由表 9.11 所示,采用回归法估计因子得分系数,并输出的得分系数结果。可据此列出因子得分函数。

表 9.11　成分得分系数矩阵

统 计 量	成 分	
	1	2
工业总产值	0.194	0.311
国内生产总值	0.216	−0.002
货物周转量	0.206	−0.154
原煤	0.003	0.853
发电量	0.211	−0.124
原油	0.212	0.036

$F_1 = 0.194$ 工业总产值 $+0.216$ 国内生产总值 $+0.206$ 货物周转量 $+0.003$ 原煤 $+0.211$ 发电量 $+0.212$ 原油

$F_2 = 0.311$ 工业总产值 -0.002 国内生产总值 -0.154 货物周转量 $+0.853$ 原煤 -0.124 发电量 $+0.036$ 原油

✓ 动手试一试

1. 某公司要针对全国市场进行分类分析,利用某年全国 31 个省份(不包括香港、澳门、台湾地区)各类小康和现代化指数的数据,对地区进行聚类分析。该份数据中包括六类指数,分别是综合指数、社会结构指数、经济与技术发展指数、人口素质指数、生活质量指数、法制与治安指数。其中,社会结构指数由第三产业从业人员比重等五项指标组成,反映了社会化、城市化、非农化、外向型经济和智力投资等方面;经济与科技是实现小康和现代化的经济基础和知识创新手段,经济与技术发展指数由人均 GDP 等七项指标组成,反映了综合经济的投入产出、就业率、知识创新投入和发明创造能力等方面;文化科技素质对实现目标起决定作用,人口素质指数由人口自然增长率、专业技术人员等六项指标组成;生活质量指数由恩格尔系数等六项指标组成,反映了生活现代化和电气化等方面;法制与治安是现代化建设的稳定机制,法制与治安指数由刑事案件、治安案件、律师数和交通事故死亡率四项指标组成,是个逆向指标。现希望对 31 个省市自治区进行分类。

2. 某连锁企业收集到某年全国 31 个省份(不包括港、澳、台)各类经济单位包括国有经济单位、集体经济单位、联营经济单位、股份制经济单位、外商投资经济单位、港澳台经济单位和其他经济单位的人均年收入数据（数据来源：中国统计网），现利用因子分析对全国各地区间人均年收入的差异性和相似性进行研究。

【扩展阅读】

无处不在的贝叶斯定理

【即测即练】

自学自测　扫描此码

参考文献

[1] 杨维忠,张甜,王国平,等.SPSS统计分析与行业应用案例详解[M].北京:清华大学出版社,2019.
[2] 薛薇.基于SPSS的数据分析[M].北京:中国人民大学出版社,2017.
[3] 叶向,李亚平.统计数据分析基础教程:基于SPSS 20和Excel 2010的调查数据分析[M].2版.北京:中国人民大学出版社,2015.
[4] 周誓达.概率论与数理统计[M].北京:中国人民大学出版社,2018.
[5] 张良,纪德云.概率论与数理统计(经管类)[M].2版.北京:清华大学出版社,2017.
[6] 雷平,凌学岭,王安娇,等.概率论与数理统计(修订版)[M].北京:清华大学出版社,2018.
[7] 约克奇.SPSS其实很简单[M].北京:中国人民大学出版社,2019.
[8] 李静萍.多元统计分析:原理与基于SPSS的应用[M].北京:中国人民大学出版社,2015.
[9] 贾俊平.统计学:基于SPSS[M].2版.北京:中国人民大学出版社,2016.
[10] 舒波,陈红梅,李春娟,等.统计学:原理,应用与商务实践[M].北京:清华大学出版社,2019.
[11] 杨国忠,郑连元.商务统计学[M].北京:清华大学出版社,2019.
[12] 西内启.统计思维[M].杭州:浙江人民出版社,2017.
[13] 张天蓉.从掷骰子到阿尔法狗:趣谈概率[M].北京:清华大学出版社,2018.
[14] 马修斯.极简概率学[M].潘丽君,译.广州:广东人民出版社,2017.
[15] 布拉斯兰,迪诺.数字晓人:用常识看穿无所不在的数字陷阱[M].郭婷玮,译.上海:上海科技教育出版社,2011.
[16] 西内启.统计思维[M].李晨,译.杭州:浙江人民出版社,2017.
[17] 夏元睿,吴俊,叶冬青.泊松分布与概率论的发展:西蒙·丹尼尔·泊松[J/OL].中华疾病控制杂志,2019(7):881-884.
[18] 付英,鲜思东.基于可信度的统计检验决策研究[J].数学的实践与认识,2019,49(8):243-248.
[19] 郑丽霞,林芳,杨善朝.学科领域高被引与高下载论文的灰色关联分析:以概率论与数理统计学科为例[J].广西师范大学学报(自然科学版),2018,36(4):76-83.
[20] 陈木法.概率论的进步[J].应用概率统计,2017,33(5):538-550.
[21] 刘薇,吴军,曹颖姝,等.多分类结局指标中两类别占比之比的统计推断方法[J].中国卫生统计,2017,34(3):374-377.
[22] 高婉玲,洪玫,杨秋辉,等.统计算法选择对统计模型检测效率的影响分析[J].计算机科学,2017,44(增刊1):499-503,533.
[23] 李勇.大数据时代的统计学新特征(2):统计百年[J].中国统计,2017(2):16-18.
[24] 杨柳.案例教学法在概率论与数理统计课程中的应用研究[J].教育理论与实践,2016,36(33):38-39.
[25] 冷建飞,高旭,朱嘉平.多元线性回归统计预测模型的应用[J].统计与决策,2016(7):82-85.
[26] 李楚进,万建平.统计检验的发展与应用[J].统计与决策,2015(23):2.
[27] 徐晓岭,王蓉华,顾蓓青.三大统计分布的高阶矩及其应用[J].统计与决策,2015(23):66-69.
[28] 郭占海.处理随机现象的理论与方法:评概率论与数理统计[J].当代教育科学,2015(21):76.
[29] 徐美萍,李琴.关于一些概率统计理论的一点认识[J].数学的实践与认识,2014,44(16):308-313.
[30] 赵慧.对高中与大学"概率统计"教学衔接的思考:以财经院校为例[J].教育探索,2013(6):45-46.

[31] Ruggles, R., Brodie, H. An empirical approach to economic intelligence in world war II[J]. Journal of the American Statistical Association. 1947,42(237): 72.

[32] Edwin Thompson Jaynes. Probability Theory: The Logic Of Science[M]. Cambridge University Press,2003.

[33] P. R. Freeman. The secretary problem and its extensions: areview[J]. International Statistical Review/Revue Internationale de Statistique. 1983,51(2): 189-206.

教师服务

感谢您选用清华大学出版社的教材！为了更好地服务教学，我们为授课教师提供本书的教学辅助资源，以及本学科重点教材信息。请您扫码获取。

》 教辅获取

本书教辅资源，授课教师扫码获取

》 样书赠送

管理科学与工程类重点教材，教师扫码获取样书

 清华大学出版社

E-mail: tupfuwu@163.com
电话：010-83470332 / 83470142
地址：北京市海淀区双清路学研大厦 B 座 509

网址：https://www.tup.com.cn/
传真：8610-83470107
邮编：100084